“教师核心素养能力提升”丛书

U1001245

做最棒的教师

张朝全　著

天津出版传媒集团
天津教育出版社
TIANJIN EDUCATION PRESS

图书在版编目（CIP）数据

做最棒的教师 / 张朝全著．—天津：天津教育出版社，2018.7

（教师核心素养能力提升丛书）

ISBN 978-7-5309-8179-5

Ⅰ．①做… Ⅱ．①张… Ⅲ．①教师－工作 Ⅳ．① G451

中国版本图书馆 CIP 数据核字 (2018) 第 175707 号

做最棒的教师

ZUO ZUIBANG DE JIAOSHI

出 版 人 刘志刚

作　　者 张朝全

责任编辑 强　华

装帧设计 熊　国

天津出版传媒集团

出版发行 天津教育出版社

天津市和平区西康路 35 号　邮政编码 300051

http：// www.tjeph.com　电话（022）23378389

经　　销 全国新华书店

印　　刷 北京永顺兴望印刷厂

版　　次 2018 年 7 月第 1 版

印　　次 2018 年 7 月第 1 次印刷

规　　格 16 开（710 毫米 ×1000 毫米）

字　　数 205 千字

印　　张 14

定　　价 38.00 元

为师人品比天大

身为教师，师德最重要。教师的师德，除了个人的学识，更重要的是人品。因为为人师者，他面对的是一个个处于成长期的学生。身教重于言教，人品好的教师所带出的学生也会品德好。张朝全便是一个人品好的教师，这体现在他尽职尽责地开展教育教学工作，尽心竭力地帮助他人，并踏踏实实地搞教学研究。

老朋友张朝全兄的著作《做最棒的教师》即将面世，让人十分欣慰。我主动要求在其著作出版之际，写下点儿什么。然而，待我下笔时却千言万语不知从哪里写起。思来想去，我最终选择了从解读张兄人品开始。

亲近作者的方式有很多。我最喜欢的途径，一是读其书，二是读其人。此书已经摆在眼前，通过阅读，大家能了解作者的思想，在此我不作过多点评。我与张朝全是多年的朋友，读其人，这一本无字的书，可能比身为读者的您更有优势。在此，我将以常用的正面读、侧面读等方式，说出我心中的那一些感动来。

张兄大我几岁，他在长江边的一个小县城里教书，我在大山里工作，虽然与他相距不远，但一年却难得相聚几次。不过，现代的网络打破了传统地域的限制，我们常常在网络上相遇，进行着心与心的交流。同时，也通过网络，我们开展教育写作上的合作，切磋教育教学方面的问题，尤其是“教育原规则”的研究。

“人最宝贵的东西就是生命。生命对每个人来说只有一次。因此，人的一生应当这样度过：当他回首往事时，不因虚度年华而悔恨，也不因碌碌无为而羞愧；这样，在他临死的时候，就能够说，我把整个生命和全部精力都献给了人生最宝贵的事业——为人类的解放而奋斗。我们必须抓紧时间生活，因为即使是一场暴病或意外都可能终止生命。”保尔的这番话，激励着一代又一代人努力地学习与工作。今天，身患双大腿肌肉萎缩多年的张兄没有倒下，依旧在顽强地与病魔作斗争。在学校，他为了帮助同事提高教学研究素养，办起了“朝全工作室”“学术委员会”，并同时管理着学校的网站、工作室的网站，他还是学校“嫩芽文学社”的指导老师。我的脑海里总能浮现出他拖着病腿劳碌的身影。

谈及与张兄的交流、合作之事，可说非常之多。在此我略举一二。

一是关于荣誉的事。提及张兄所得荣誉之事，还得从2009年暑假的一件事说起。记得那年刚放暑假,平时“走路”只能是挪动着向前移步的他，被地上的石子拌着，重重地摔了一跤。这“雪上加霜”的一摔，导致他膝盖下小腿骨折。那段时间，我久不见他上网，便打电话，才知他躺在医院里。他对我说:“这段时间，我又要‘坐月’了。书稿的事，等出院回家再说。”听到“坐月”二字，我猛地悬起的心又安定了一些——真是一个乐观的人。听到这个消息，本想立即前去探望，但因为出版社催稿很急，只好暂时搁置想法。后来，送朋友顺路前往张兄家。那时，张兄从医院回到家里调养已有一周。他的女儿将我引到他床边，见他的精神状态十分良好，我才长长地舒了一口气。张兄由于多年生病，家境并不富足。在他书房兼卧室的房间里，最显眼的除了书之外，就只有书桌上的一台电脑和他床底下的那个箱子。曾有朋友告诉我，张兄获得的荣誉有一箱子，今天终于亲见，有“全国师德先进个人”“全国希望工程园丁奖”“重庆青年五四奖章”“重庆市首届烛光奖”“重庆市万州区优秀共产党员”等。我说:“你应该把这些奖证展示出来。”他却说:“这些荣誉永远只能代表过去的付出,没有什么值得炫耀的。只有下一个才是最好的，是最值得去期待的。”看着这些奖证，听着他的话，我终于明白，这是张兄丰厚的精神财富啊！后来，他又获得“感动重庆十佳教师”“感动重庆十大人物”“重庆市敬业奉献模范”“重庆市优秀共产党员”等殊荣。

朋友们，不知你是否也有这样的感受——特别希望与品德高尚的人做朋友。与张兄成为挚交，说句实在话，就源于他身上那种向上的劲头儿。

记得2008年的冬天，我与他同时应邀到一所学校去讲座。由于会场的讲台有三尺来高，张兄是被人背上讲台的。也许是张兄这种顽强的意志打动了现场的几百名教师，几个小时的讲座，会场纪律非常好。

自那次探望躺在病床上的张兄后，我就一直想着帮他做一点儿事。面对他的顽强，面对他的乐观，我又能为他做点儿什么呢？临近开学了，我突然想到，他摔成这个样子，开学正常上班恐怕是不行的了。此时，我向他们学校的教学副校长，提及张兄摔伤腿尚在恢复中，不宜上课的事。希望学校新的学期就别再给张兄安排课了。可2009年秋季刚刚开学，副校长朋友便给我来电话说，张兄太倔强，还是要求学校给他安排一个班的教学任务。就这样，张兄开学后便带病站上了讲台，虽然很吃力，但教学的每一环节都丝毫不含糊。虽然现代不少媒体都反对教师带病坚持工作，但他总是说："离开了讲台，我的心就没有寄托。"受他精神的感染，我曾写《最美的站立》一文，其中写道："在张朝全心里，他认为站立是最美的。虽然身高1米73，但大腿只有正常人胳膊般粗，体重不足50公斤，但他选择的就是站立。"此文，后来发表在一家杂志上，感动了不少读者。

还有一件事，我也很有必要在这提及一下。我们学校有一教师去万州办事，回来后给我谈了一事，他问我知不知道万州有一个叫张朝全的人。原来是他那天坐车回来时，听见一车的人都在议论张朝全。说他在万州名校移民小学工作，而且身残多年依旧坚持上课，除了工作认真负责之外，平时里也非常乐于帮助他的同事。车上的人还说他非常有思想，发表了许多文章，参与编著了不少教育教学著作！看来，与我相识多年的张兄，他的事迹已经成为大街小巷人们传颂的佳话。

我是一个健全的人，我与张兄作对比，仿佛矮小了很多啊！我是读《钢铁是怎样炼成的》长大的孩子。今天见到张兄的手稿，想到张兄的人品，我仿佛又见到了一位勇于献身、拼命工作的当代保尔。他生活物质匮乏，但精神富有；他酷爱学习，如饥似渴；他不畏艰难，挑战病魔；他永不言败，顽强生活……这一切都可歌可泣。读他的文字，其中展现的他深刻的自我反省、严于解剖自己的精神，让我更加钦佩。

……

即使在伤病无情地夺走他的健康，他不得不卧病在床时，他仍以顽强的毅力进行工作，并不断地帮助着他能帮助的人，这样的人应该值得我们去敬仰！

作为教师，我只想再一次地说——“人品比天大！”

钟发全

2017年10月于重庆石柱

目　录

上篇：与时俱进修理念

第一章　前瞻理念及时捕捉 ……………………………… 3

第一节　基于“热词”核心素养的逻辑分析 ……………… 3

核心素养的内涵要义追踪 ……………………………… 3

核心素养的表达与诉求 ………………………………… 7

核心素养执行条件分析 ……………………………… 10

第二节　核心素养的践行 ……………………………… 13

让核心素养在学科教学中落地生根 ………………… 13

教师的核心素养是主动精神 ………………………… 17

第二章　赢得课堂，做最棒的教师 ……………………… 22

第一节　把握好本体与非本体 ………………………… 22

实现从“非本体”向“本体”的转变 ……………… 22

教本体，凸显学科特点 ……………………………… 26

第二节　赢在课堂的四大基本功修炼 ………………… 28

课堂高效反映在学生需要上 ………………………… 28

杜绝课堂的无效在于“会的不教” ………………… 32

精心预设等于教师先行先学 ………………………… 33

教得主动才能激发能动性 …………………………… 37

第三章　铸就“我的”课程观 …………………………… 40

第一节　基于学生发展建构课程 ……………………… 40

最棒教师能建构学生有效学习的课程 ……………… 40

最棒教师以“学生之学”为根本要旨 ……………… 44

第二节　精心打造“我的”课程产品 ………………… 48

精心打造教材和教学内容 …………………………… 48

铸就“我的”课程观生成课程 …… 52

中篇：大爱教育铸师德

第一章 小教师的大情怀…… 57
第一节 做“大器”的教师 …… 57
小教师需大气 …… 57
平常心中炼大器 …… 59
大器为师有胸襟 …… 62
小教师做好榜样 …… 63
第二节 修炼为师的大情怀 …… 64
修炼看教育的目光 …… 64
经典活水润师德 …… 67
修炼教育家的梦想 …… 70
第二章 精准扶智显爱心…… 74
第一节 职业认同炼扶智修为 …… 74
搞好与自己的关系强修为 …… 74
修炼扶智之功 …… 77
永葆初心，提升扶智力 …… 80
第二节 爱心铸就成长路 …… 82
持续关注，“爱哭”遁形 …… 82
爱的目光里没有“差生”…… 85
用爱为“心”守住一片宁静 …… 87
用爱心守望生命的冬天 …… 89
第三章 锁定人生大格局…… 92
第一节 用理想与品性构筑人生底座 …… 92
理想与品性改变教育格局 …… 92
用品性奠基人生格局的底座 …… 97
第二节 在精进中筑就人生大格局 …… 99
缩短模糊岁月为精进铺路 …… 99
合理有效“造势”促一路精进 …… 103

下篇：创新统筹精专业

第一章 勤学，提素养…… 109

第一节 方向：走向阅读的远方…… 109

专业知识，勤学的根…… 109

古典教育理论，阅读中传承…… 113

绘制好自己的阅读地图…… 115

摆好阅读的姿势…… 118

第二节 践行：夯实专业之基…… 122

“读”霸暑假…… 122

在书香中成长…… 123

今夜，我又捧起书…… 125

是“功利心”让我爱上读书…… 127

第二章 管理，增智慧…… 131

第一节 组织层面，修管理之能…… 131

尽心修炼组织素养…… 131

加强自我管理，保持自我和谐…… 134

修炼安全意识，保持学校常安…… 137

制度与人文必须共存才能共赢…… 139

第二节 教育层面，引智慧之源…… 142

用新思维建立班级管理新秩序…… 142

敢于“放下”才最棒…… 146

因会“反弹琵琶”而最棒…… 148

教育，“请给我结果”…… 150

第三章 精进，引发展…… 153

第一节 居高声自远，非是藉秋风…… 153

发展特长奠最棒之基…… 153

形成教学风格我最棒…… 156

超越自己的狭隘走向最棒…… 158

玻璃墙壁的故事 …………………………………… 159
第二节 不待扬鞭自奋蹄——八小时以外的进取 ………… 161
享受孤独，聚最棒的能量 ……………………………… 161
拥有“地下室”，掘最棒的泉源 ………………………… 164
会休闲，聚精气，得最棒 ……………………………… 167
积极休闲，做中国好老师 ……………………………… 169
第四章 勤研，强指导…………………………………… 172
第一节 个人，研教结合指导教学 ……………………… 172
不做“课奴”，与最棒共舞 ……………………………… 172
诊断课堂浸润“最棒” …………………………………… 176
教研并行，争做最棒 …………………………………… 178
教学反思——最棒教师的生活方式 …………………… 180
第二节 参与团队教研，指导个人成长 ………………… 183
在教研组内自觉提升个人素质 ………………………… 183
与教研组内教师之间团结协作 ………………………… 185
最棒教师在团队中不搞“一团和气” …………………… 187
最棒教师不被“规范化课题”所束缚 …………………… 189
第五章 统整，当领跑…………………………………… 192
第一节 自我加油，跑在教育的前面 …………………… 192
最棒的教师乐于跟自己斗 ……………………………… 192
“减负”，最棒教师在行动 ……………………………… 194
最棒教师敢于当课堂的主体 …………………………… 196
最棒教师与“解惑”紧相随 ……………………………… 199
第二节 储蓄能量，推着教育向前 ……………………… 200
最棒的教师会欣赏教育风景 …………………………… 200
最棒的教师认为，教育当如旅游 ……………………… 203
做最好的自己 …………………………………………… 205
最棒的教师善于经营幸福 ……………………………… 208
后 记…………………………………………………… 212

上篇

SHANG PIAN

与时俱进修理念

第一章　前瞻理念及时捕捉

1. 做最棒的教师，理念为支撑。尤其是对前瞻理念，更要及时捕捉、熟知，及时把握其产生的背景，并对其背景进行深入分析，为学习及理解作铺垫。

2. 面对前瞻理念，最棒的教师还需在学习过程中，全面把握其内涵，把握其对于自我教育教学实践的指导作用。

3. 对最新“热词”核心素养理念，我们在学习、分析、理解其内涵的过程中，逐步将其融合于自己曾经学习的理念之中，以指导自己的实践，真正让核心素养在学科教学中落地生根。

第一节　基于“热词”核心素养的逻辑分析

核心素养的内涵要义追踪

“理念”一词所承载的要义，似乎无处不在。它存在于生活中、课堂上、教材中、论文里、专著中，以及一些具有指导性的文件中。而它的源头则在人的大脑里，是观察、探索和思考的结果。教育者，没有思想，没有理念，我们的教育就会大打折扣，学生的成长自然也根基不牢。理念，你关注或不关注，它就在那里。对于教育从业者来说，带着自己的疑问，带着自己的实践，带着自己的思考，去与一切存在理念的地方接触，我们自然与之渐渐熟知，并逐步认识和理解它。

与以往的教育改革一样——自上而下。当前，基于核心素养的教育改革还只处于开端——制定规则阶段——哲学层面的研讨基本结束，理念层面的追踪尚不成熟，操作层面的践行刚刚起步。核心素养作为一种实践理念，广大一线教师“我，我的”接收力（不是授受力）、理解力和执行力等将全面经历一场新的检阅。我们更应该明白，核心素养代表着教育改革的方向，一种国家行为，一种只需要执行的顶层设计。

当前，自上而下有关核心素养的内涵要义追踪，必须首先围绕热词核心素养，弄明白“是什么”“为什么”“怎么做”等问题。

一、热词概念的产生

核心素养，教育改革的又一次轴心回归，其主语依旧是人。一切具有社会权责和自然权责的人都是核心素养的主体。人，成了新一轮基础教育课程改革的核心，此次关于核心素养的改革更是将人作为焦点置于前台。

推演热词核心素养产生的前因，便会发现它是前一轮课程改革的产物。当下，核心素养已不仅是一个新热词，其自上而下作为一种教育理念呈现在我们视野中，我们在“接收”时也必然要经历从不习惯到习惯，经历从推陈出新到驾轻就熟的过程。本轮新课改至今已濒临瓶颈之危，正需要增添关于“人的培养目的”的“质量意识”和“未来意识”。比如理念更替、课程设计、考试评价制度、均衡发展等，全应围绕“人的培养目的”去“改”和“革”。当然，为促进核心素养的生成，必然涉及“改谁”“革谁”及所达到的程度。面对这一世纪难题，亟需透彻的猜测与构想。

核心素养热，全指向明天关于具有核心竞争力的人的培育，这依旧可以追踪其承前的个因。中国基础教育近四十年，经过三个历程：20世纪80年代倡导双基夯实；90年代提倡素质教育；进入21世纪，开启新课程改革。到现在，自上而下地全面推崇核心素养，完全可以归纳为第四个历程的开启。审视第四阶段的推进，发现教育的方法、方式和原则没有变化，变化较大的是教育实践的焦点被调整，力求通过围绕“人的培养目的”进行教育秩序更新，增添基础教育发展的内驱动力。相对于今天的教育改革而言，与以往相比，核心素养这一热词内涵更加丰富：核心素养将代表着新一轮改革中先进教育的发展要求、先进教学的前进方向，以及广大受教育者的根本诉求。

二、热词概念的机理

核心素养代表什么？教育改革的方向——人成为教育的目的。这里，核心素养必然需要哲学、理念、操作等层面上的突围。

素养前面加上“核心”，更能让人感知其要义——人的中心发展。关于核心素养的机理，本人赞同从事协同教育研究的南通学者顾飞宇的一个观点：“一个人从自然人到社会人，到国际人，再到理想人的毕生追求，在这人生过程中，核心素养的要素是不会变的，但核心素养的能量在不断充实，功能在不断增强。”顾老师指出：“核心素养的要素不会变，变的是各要素的组合元素。”不难看出，有关核心素养的基础教育改革，关键在于在推行过程中能否抓住核心要素给予能量补充，诸如在“互联网＋”“云数据”时代，对先进的知识、技术的习得，方才代表着对核心要素组合元素的更新与充实。

认识与践行核心素养概念，必须融入理性。

第一，核心素养本身就是一个模糊概念。它指个体应对21世纪各种复杂的不确定性的现实生活环境时所需要的关键品质，指向通过后天素养达到的理想化结果。核心素养属于缄默性知识的范畴，个体内在品质和特征具有潜在性，无法直接观测，更多的时候需要通过实际表象予以推测。当下核心素养虽然被劲爆推出，但其内涵与外延并不是完整的。虽然在理念层面罗列出15个学科应该掌握的核心素养，却并不包括核心素养这一概念的全部外延，并且学科核心素养与综合性核心素养之间关系的理顺，带有理想主义的色彩，并非每一个人都能形成与掌握各种素养，并非每一个人都需要掌握各种素养。如若全都通过教育过程去实现，显然是极不现实的。虽然核心素养概念存在模糊性，但我们依然应该努力去落实，在教学中努力探索“来自哪里”“要到哪里去”“要去干什么”等要素，而后结合现有的教育气候、供给人才种子等因素，在践行中更好地开发教育这一片热土。

第二，核心素养是一群概念。它首先在于打破各学科的壁垒，而且各学科之间存在着交集，存在“核心素养群组”现象，诸如语言文字感悟群组、运动艺术审美群组、数学统觉创新群组等。其次，由于核心素养本身就是群体概念，在各学科教学中践行这一概念，非常有必要搞清楚非核心素养与核心素养之间的界限，特别是分清彼此谁为基础性、谁为次第性。而相对于某一学科素养而言，知识与技能、过程与方法等属于学科核心素养范畴，情感态度与价值观属于非核心素养范畴，只有处理好彼此间有用性与适用性的度，方可在具体的教学践行中围绕核心素养诉诸教育改革，让每一次付出更有方向感和成就感。

三、热词概念的要义

核心素养是课程改革的又一轮秩序调整中的内容之一，其要义在于将课程改革的焦点进一步明确化——基础教育培养人的目的更具体化。核心素养概念的要义非常丰富，关键在于基础教育改革中如何把握执行的度。成尚荣指出:“向上飞扬:核心素养引领我们追求最高价值，探索并建构育人模式。向下沉潜:在实践中探索，在变革中进步，让核心素养找到落脚的地方。”(《人民教育》2017 年第 03-04 期)核心素养的对象是受教育者，执行者是作为教育者的专家、一线教师和教育行政官员，基于核心素养的基础教育改革育人模式和贴地前行最后达到的层级，主要看执行者的主观目的性，主要与教师专业素养“有什么”有着直接关联,其基础建构更在于教师教学理念中“想什么”“要什么”,才可能为此追述概念的要义，直至真正让受教育者形成的核心素养“有什么”而非“没有什么”。

关于核心素养虽已产生很多新规，但仍给执行者非常大的空间，只要敢于探讨、热心推陈出新，就可能依托客观条件而更有作为。

核心素养的表达与诉求

“理念”一词,《辞海》(1989)里的解释有两条，一是“看法、思想，思维活动的结果”，二是“观念(希腊文 idea)，通常指思想，有时亦指表象或客观事物在人脑里留下的概括的形象”。一种新的理念如何内化在我们的大脑里，指导我们的实践，并形成自我的思想，仅仅通过去理解它还远远不够。我们必须带着我们的认识与实践,走进其中,去探究其内涵,认识其产生的背景、发展的深义以及它对现实的指导意义。更重要的是，认识它如何指导我们的实践。新一轮基础教育改革历经几年酝酿，核心素养应运而生。我们只有带着新课程的理念和自己的实践走进它，对它的认识才会更深，也才能更好地指导自己的实践。

走进核心素养,在理解其内涵要义的同时,必须弄明白“从哪里来”“要到哪里去”“要去干什么”等问题。

核心素养作为教育改革的热词和关键词出现，经自上而下至自下而上的重心调整，必须把握住将核心素养作为育人方向的自身表态方式和相对时间内作为“人的培养目的”诉求的基本要求，更好地促进基础教育改革向纵深推进。在本人看来，两者之间存在着严密的生存逻辑关系，即核心素养作为满足人的生存第一性而被认可、被确定；同时，核心素养富有发展意愿，让发展具备无限可能性，依附于第一性存在而产生的第二性也被认可、被确立。很明显，自下而上的核心素养，其践行中的表态与诉求存在着两面性，就像硬币的两面一样共同维护着其应有的价值：满足生存的第一性，利于核心素养发展第二性（无限可能性）的表达；推进发展的无限可能性，利于生存第一性的诉求。实现两者辩证统一，才可真正解决基于核心素养的基础教育改革中的一系列矛盾。

一、表达：形成核心素养的可能性与人的发展的绝对性

新一轮课程改革是自上而下的国家层面的表达方式，本身充满着无限的主观意愿，被广大一线教育工作者“接收”至“接受”。此次改革重

心调整为自下而上，必然包括对前一阶段改革方向的调整，将致使核心素养可能性产生作为改革的主要任务。换言之，自上而下的顶层设计，必须通过相应的教育手段，才可促进创新能力、审美能力、合作意识和批判能力等的形成，而自下而上才可能真正在新一轮教育改革中达到纠偏、矫正、调适的作用。

核心素养作为一种发展憧憬，存在无限的可能性，这属于发展第二性的范畴。只有真正落实到对生存第一性的满足，才可能称作真正落地。为此，在具体的教育改革的践行中，只有将自上而下的传递方式更改成自下而上的落地方式，通过满足教育者和受教育者提升生存价值的需求，才会让“人的培养目的”变成现实。当前，核心素养还处于哲学层面和理念层面的认证过程中，需要一线教师自下而上在操作层面开启、创新和完善。为此，在新一轮教育改革中，每一位教育工作者拥有主动性尤其重要。

二、诉求：物化成果是打破传统基础教育改革的法宝

推进核心素养教育的改革，需要继续对“双基”教育、素质教育及三维目标等改革中形成的理念继续执行，同时必须规避标准化、应试教育和低效课堂，才可能真正达成既定“累积叠加”的目标和效果。现实的教育改革依旧存在着严重的滞后性，传统基础教育习惯的惯性依旧强大——考试成绩的传统认定方式短时间内依旧无法取缔。新一轮改革成败的关键在于改革过于重成绩认定的评价方式。过去对“人的培养目的”的模糊与弱化，以及人的培养过程的无序状态，需要改革评价方式予以纠正。

物化成果属于自下而上的逻辑追求方式，优点在于在教育实践过程中，增添明确的方向性和目标性。诸如近年教育新秀管建刚致力于作文教学改革，不但让学生掌握习作技巧与规律，更是让学生自办手抄报发表作文，或带领学生创作而最后让其在报刊上公开发表。这种物化效果的追求，其效果与只让学生进行作文练习的效果要高得多。若在学科教

学中将生成物化成果的要求变作刚性需求，无形中便跨越了成绩认定这唯一的方式。我们应该知晓追求教育教学过程的物化成果，无形中将会面临更多挑战，诸如教学课程资源准备的改变、教学讲座方式的改革、学生作业方式的更新等，只有不断与社会走得更近，只有不断与时俱进，才可能将原先教学中陈旧的知识和方式予以更替，从而因物化成果需求达成，让所学不陈腐，让所做代表先进性，而不是除了满足高分需要再无更多生成。

物化成果的追求，是自下而上的教育改革中质性研究与量化研究的综合，是教育目的性的回归，最大的优点就在于能满足特定核心素养的专项培养，同时激发人的主观能动性。物化成果生成中，有两个点应该引起重视。

一是凸显物化成果的阶段性。同一个知识点或课程内容，因为教育对象的年龄特征与自身核心素养组合元素的能量级不同，其物化成果的诉求方式肯定存在明显的层级之分。如果对于人的核心素养的培养中没有一个阶段性的重点任务，想当然地将其打乱，其教育改革定然只能是产生恶果。核心素养的阶段性认知，我们必须整体规划才可彰显基础教育改革的科学性，它只能是一个由低到高的上升过程。为此，在全面推行核心素养改革的进程中，必须明确阶段性物化目标，并对此做深入研究，才可真正满足基础教育改革的刚性需求。

二是突出物化成果的模仿性。“人的培养目的”是新改革的高度。通过教学实践，实现物化成果的需求，凸显核心素养培养，依旧是有效推进改革的前提条件。物化成果的追求，目的在于满足教育对象生存的第一性，同时满足未来无限发展可能的第二性。推进教育改革，需要拥有善于发现问题的思维方式，这就要求教育者能引导受教育者的问题意识、解决问题的物化行为方式的形成。为此，要求我们将物化成果追求作为一种教育理念存在时，亟待进一步明白整个过程具有模仿的特性。特别是核心素养形成的阶段，往往没有能力发现真正的问题，更多时会是先前问题的复制，而后给予对应素养练习，物化成果认定意义更多时会倾向于在学习过程中去模仿，而非社会价值的认定。我们必须明确，更多物化成果带有模仿性，而非创新价值，在确立模仿性的基础上开展教育教学实践，才会对“人的培养目的”有更好的保护。

核心素养执行条件分析

对核心素养理念的认识，最终在于运用。我们认识其产生的背景，对自己实践有哪些指导意义，就必须带着自己的认识走出来，抓住现实的实施条件，以个人现有的认识对其进行进一步的分析，尤其是要弄明白如何去执行，如何更好地践行。所以，我们还需要围绕热词核心素养，弄明白“想什么”“要什么”“有什么”。

全面深化新一轮教育改革，在对有关基于核心素养的基础教育改革执行条件的保障分析时，我们发现其背后的理念价值远远高于现有具体指标。前面对基于核心素养的概念要义及概念表达与诉求进行了分析，但并没对核心素养作为研判未来人才的标准、精准定位培养目标、高度关注人才培养质量等一系列现代化教育思考维度进行分解，即这些主观化的要求没有通过我们的分析得以解决。但我们更加清楚，只有通过且思且行，才可能在实践中解决一切发展的可能性问题。在此，我们将进一步分析当前基于核心素养的基础教育改革的执行条件，以便满足围绕核心素养提高教育质量这一先进主题的载体建构。

一、全面促进教师专业化修炼

北京师范大学王烨晖、辛涛在《基于核心素养的课程改革的关键问题》中指出：“教师是落实核心素养、实现素质教育的关键所在，要充分重视教师的转化作用……无论核心素养如何落实到课程标准之中，如何在教材中进行科学合理的设计，缺乏教师这个关键角色，基于核心素养的课程改革将流于空谈。”任何一项教育改革，如若教师专业素养滞后，改革的进程与效果就会大打折扣。我们只有勇于承揽“我，我的”有关专业化修炼的责任，全面提升生存第一性的自身价值，才可能在践行基于核心素养的基础教育改革中主动投入到追求无限发展的可能性中去。

教师专业化修炼是基于核心素养改革成功的重要保证，但着力于两大误区的纠偏是前提。

一是走出专业水准依附承担学科层级化的误区。有一伪命题是："教师的专业水准，会随着承揽教学年段的层级而存在，并存在逐级提升趋势，小学教师专业素养普遍低于中学教师，大学教师的专业素养普遍高于中学教师。"这是当下中国教师队伍专业素养低下的写照——仅仅满足于基础学科知识的教学。如此认识，极不利于教师全面提升专业素养。每一位教师不管承担哪一个学段的教学，都不能只停留于某一学段进行知识与认知水平建构，必须把自己置于广阔的教育背景中，扎实走专业化发展道路，提升专业化水准，才可能达成新一轮改革要求。

二是走出普遍存在集体性无发展意识的误区。长久以来，我们重在研究教师的教的目的性——一切为了学生的发展，却往往忽视了自身的发展，这又怎么能推动新一轮基础教育改革呢？教的主要目的是为学生的发展，但教师须先于学生发展，或"教学相长"，学生的发展才有根基，才是实实在在的，才更持久。

二、全面深化教育评价改革

教育评价改革举步维艰，是改革达不到预期目标的一个主要原因。我们并非不明白教育评价改革是落实核心素养的重要抓手，基于核心素养的课程评价能够充分发挥引导作用。知困而不达，客观原因主要在于教育评价依旧处于大众探讨阶段，新观念的更替没有真正达成社会共识，小区域内的评价改革只处于尝试阶段。加强基于核心素养的改革，应努力在评价理念、设计、方法、过程、结果等方面进行探讨，待改革见成果以增强说服力时才可称作成功。

针对核心素养全面深化教育评价改革，除了尽可能理解当前的课程标准，必须同时厘清各学科素养培养要求。如全面加强学科核心素养过程性评价的改革。这一过程中，在凸显学科素养评价科学性的同时，同步加强对学生优势素养的重点关注，以及各种素养间的综合发展，真正让学科与评价深度融合，让学生优势素养与综合素养深度融合。

实现评价改革促进核心素养发展，建议从全面拓宽核心素养的问题域开启。在进行新评价改革时，围绕核心素养这一主题沉下去，定制出符合教育发展规律的评价指标体系，诸如全面建立直接而有价值的学业评价，准确把握核心素养内涵和学业质量标准，制定系统明确的评价目标，重新思考评价背后的学习理论，构建核心素养的评价框架，仿照学业评价标准开发核心素养评价标准，强调多元评价，重视同伴和自我评价的作用，提供实质性内容的反馈结果，整合过程性评价与终结性考试，建立利于学生发展的体系等，真正实现促进核心素养培养的育人目标。

三、全面推进课程体系建设

核心素养的培育，除了获得教师的广泛认同和积极参与，更在于教师的行为自觉；核心素养的落地离不开围绕评价改革而进行的育人模式改革。除此之外，我们还应该看到围绕学科进行课程体系建设的重要影响。虽然核心素养要素是固定的，但我们更应该感知到各要素的组合元素在不断发生变化，能量增添带有鲜明的时代特征。加强课程体系建设，诸如除了在自上而下的教材中找到利于核心素养培育的教学内容，还要同步结合时代新元素，加强新型资源的深度整合，开发出新的校本课程体系，营造新型的浓厚的学习氛围，才可真正为核心素养发展提供丰厚的土壤。

加强基于核心素养的课程体系建设，且思且行，有几对矛盾需要处理。一是须处理好课程理念的完备性与学科课程的针对性之间的关系，才能真正整体推进新一轮教育改革。二是须处理好教学理念的演绎逻辑和教学实践的归纳逻辑之间的关系，除了尽可能贴近地面，还应尽可能贴近理念，实现无缝对接。三是须处理好全面发展的核心素养育人目标与分学科学习之间的关系。在建构课程新体系，全面渗透核心素养理念内涵的同时，能真正实现个性发展以学科为基础、以全面开展个性发展为特色的课程体系建设。

加强课程体系建设，必须体现“人的培养目的”的合目的性和合规律性原则。围绕核心素养要素的新增组合元素进行设置，处理好以上几组矛盾，巩固学科根基，反哺顶层设计，扎根学科教学研究，激发理念创新，立足学科核心素养研究，共塑核心素养。一方面，要求我们能分级细化学科素养，而后找到对应的培训资源和创建新的学习环境。另一方面，要求我们能分类架构课程体系，将核心素养与学科素养很好地关联。这里依旧包括以国家课程体系为基础,加强地方课程、校本课程和班本课程建设，同时包括建立体现核心素养增长级的区域性特色项目课程群建设，彰显特色教育所富有的核心竞争力，以此作为整体行动的出发点。

第二节　核心素养的践行

让核心素养在学科教学中落地生根

广袤的原野，是实践的天堂，是收获的圣地。若没有优良的种子，辛勤的付出与最后的收获是不可能对等的。在学科教学中培育学生的核心素养，亦是如此。在新一轮基础教育改革全面开启的时节，核心素养为学科教学提供了优良的种子。在播种的春天，只有让核心素养这优良的种子落地，并为其提供良好的生长条件，提供相应的技术，提供生态肥料等，进行全方位监管，方可保证秋天高产。

一、理念层面：亟待明晰“做什么”“还做什么”

核心素养或以培养方法呈现，或以理念方式呈现，这二者都是当下任何学科教育教学必须明确的问题。从概念要义开始，来对核心素养加以理解。很明显，这一概念依旧属于素质教育的范畴，是课程改革的拓展，我们能从以往的基础教育改革试验中找到交集。但是，这同时也能让我们触摸到不同——核心素养涵盖太多育人的成分，更是集中对学生适应终生发展和社会发展的必备品格和关键能力的关注。其关注度超越以往任何一个时期。

考虑师资、教学条件、软件硬件设备等客观因素，在我看来，在学科教学中培养学生的核心素养，解决“做什么”“怎么做”的理念问题属于第一需求，解决“是什么”“为什么”的理念问题属于第二需求。核心素养开启的是未来时态的教育，学科教学开启的是现在时态的教育。未来时态的教育，更多的是实现自我、成功生活、融入社会等的提前谋划或影射；现在时态的教育，更多的是针对当前学科知识、技能、方法、情感态度和价值观等的现实习得。很明显，两种倾向不存在排斥，但也并不表示存在明确而紧凑的时间逻辑关系，眼前最重要的是做好彼此之间的无缝对接。

在学科教学中促学生核心素养落地，属于当务之急。我们需在核心素养理念的引领下，以培养“全面发展的人”为焦点，选择新站台和路径。在这样的背景下，与以往对比，区别在于增添了“未来意识”和“质量意识”的内涵。

现今，基于核心素养的基础教育改革，好比在先前“做什么”的基础上再次追问“还做什么”。就像农田耕种前的良种筛选及优育工作。种子依旧是原先那些，精心筛选之后，播种前将学科特点融进“人文底蕴、精神、学会学习、健康生活、责任担当、实践创新”等溶液中浸泡一段时间。此环节关键在于做好两点。一是有效区分核心素养与学科素养。核心素养指向人本，包括素质与涵养，非某学科能完全独立承担，需长时间对于学习和生活进行修炼，包括成人之后继续学习。学科素养以知识、概念、原理等方面的习得，促进核心素养精进。从严格意义上讲，这只能称学生发展的学科素养，不完全等于核心素养；学科素养通过沉淀，并经岁月

“大浪淘沙”之后保留下来的才可称其为核心素养。二是做好学科非核心素养与核心素养的区分。在学科教学中，近年非常重视学习方法、学习习惯等教学点的突围,但这些依旧不能完全等同于核心素养的落地。对此，我们必须切实区分本体知识与非本体知识的划分标准，借助三维目标来弄清非学科核心素养与学科核心素养的界限。诸如，知识与能力、过程与方法等，就属于学科核心素养范畴；其他任何学科都可以完成的培养目标，包括情感态度与价值观、审美及批判精神等，属于学科非核心素养范畴。

二、操作层面：通过物化效果实现学科超越

通过学科教学促进学科素养提升容易，真让促进核心素养精进就很难。诸如在每一天、每一节课，都可通过教学促进学生本体知识学习方面有明显进步，但是真要达到每一次付出都为学生的核心素养奠基，也不现实。在特定的课堂教学时空之内，全面达成理解、运用、思维、审美等方面的高度、广度和深度，并促使每一个学生都有进步。若没有对传统教学方式与方法进行升级更新，很难达到一个新的层级。除非变“学科教学”为“学科教育”，从“课堂创新”走向“课程创新”，就像新时代的农民一样，能进行耕作方式的改革。

回顾传统的学科教学，围绕本体知识的主线，由低级到高级的教学圈层结构极为明显，学科目标驱动式教学尤其突出。注重教学任务完成，目标多指向理解与运用，但对于思维与审美层面几乎没有涉及，或没有明确要求。结果致使“人的培养目的”被忽视或弱化。其实，凸显的症结在于一切都依考试成绩而定。问题在于，这种过程明晰而结果模糊的状态只能说明前期育人目标模糊。

学科教学中追求物化效果,最大优点在于教学目标更明晰,让学生“跳起来摘到桃子”，最大限度促进核心素养形成，找到其落地之处。

学科教学中加强物化效果追求，更利于更多物化作品生成，让学科课程得到创新与开发。在此过程中，应该注意两点。一是凸显物化效果

的阶段性。同一个知识点或课程内容，因为教育对象年龄特征与自身核心素养组合元素能量级不同，其物化效果的诉求方式存在明显的层级之分。二是突出物化效果的模仿性。在推进教育改革的每一天，需要拥有善于发现问题的思维方式，才可能满足物化效果需求。特别在通过学科素养习得促进核心素养形成的初级阶段，往往没有能力发现真的问题，更多的时候会是对之前问题的复制，而后展开对应素养的练习，物化成果倾向于在学习模仿中形成，而非真正具有社会价值。

三、监管层面：抓好防治工作，保学科成果生成

学科教学只能称作基础性工作，开启的是面向未来的人才培养工程。在其中促进核心素养精进，保证人才结果生成，提前为未来谋划，是非常重要的环节。虽然在学科教学的整个实践中，总是通过不断积累、感悟和整理，促进学科本体知识、运用的规律和特点，内化成“我，我的”学习经验与技能。但也不难发现，不管是对学科核心素养的追求，还是对“人的全面发展”核心素养的追求，似乎都存在发展的无限可能性。倡导为师者知晓一个自然法则——“心想事成”宇宙大法则。内涵即“心有什么期盼，最终便会有对应的结果生成”。只不过，这里的生成结果更多需要长达十年、二十年、三十年或更长时间的努力和等待。我们这样说，在小学学科教学中开展核心素养的培养，提供正能量非常重要。比如，应对学生抱有长达十年、二十年、三十年或更长时间的无限期望，孩子们才会真正朝着期望的方向发展。此过程就像抓防治工作，言语伤害不但不能激励孩子成长，相反还会抹杀天赋。

四、实施层面：融入学科课程，培育核心理念

据有关资料表明，学科的核心素养包含以下一些层面——本源层：学习兴趣；建构层：知识建构；运用层：问题解决；整合层：思想方法、价值精神。这是我们开展学科教学，让核心素养落地生根的方向。我们在教

学中，根据学科本体知识的要义及内涵要求，将核心素养理念融入其中，加强对学习内容的选择，以变革学习方式和教学方式为依托，引领学生真正走进学科学习中，切实进行学习实践。

开展问题化学习，根据学科学习的规律，选择更适合的学习内容，设置问题链、问题群，甚至是与其他学科相衔接的问题圈子，引导学生去尝试解决。在解决问题中生发新的问题，并激发其去进一步探究。他们的参与、他们的实践就较好地整合对本体知识的理解和认知，不断在学科本体知识的长河中远航，找到自己生命成长的精神家园。这样的学习过程，他们无一例外地经历了“本源层→建构层→运用层→整合层”，在问题与问题的关联中，在问题中创设情景，在情景化的学习中使知识间的联系更加紧密，知识结构不断向高一层级发展。

此外，我们把核心素养的理念融入学科课程，并跨学科（即综合课程）整合，让学生在主动的学习中，掌握和构建学科知识结构的同时，增强学科本体知识的运用性，在与社会生活的亲密接触中感受学科学习的魅力，从而获得对世界最完整的认识，也在运用本体知识解决生活实际问题的过程中感受到学习的尊严，从而逐步提升和完善他们的学科核心素养。

核心素养形成，更需要我们多方改革并有所行动，可以走出去引进先进的学科教学经验，可以通过网络筛选出先进的理念与技术，让学习过程变得快乐和充满诱惑，以满足孩子们在核心素养达成时的能量需求。同时，建议加强学科核心素养成长记录袋创制。在整个学科教学中，完全可以围绕不同年级特征，将生成的物化效果或以时间为序，或以学科知识点为序，系统纳入“天才计划”“天宝计划”“未来院士计划”“未来作家计划”等工作，其学科教学才会充满生机与活力，核心素养也才会真正落地生根。

教师的核心素养是主动精神

2016年9月13日，核心素养框架正式出炉。这是中国基础教育改革的又一重大创举，它标志着我国的基础教育改革稳步向纵深推进，为整个中国的教育，为一线的教师指明了教育的方向。现今，最重要的是让这一改革东风吹进我们每一位教师的心里，落实到行动上。有这样一组数据，有人在对一地区农村学校的一千五百多名教师的调研中发现，知道“核心素养”一词的不足10%。其中，准备开展研究的不足10%，其他的都是无所谓。也即是说，对于教师尤其对农村教师来讲，“核心素养”一词仅仅体现在“知道”这一层面。试想，如此下去，这一基础教育改革又能为学生带来多大的成长呢？

究其原因，在于教师的职业倦怠呈上升态势。职业倦怠涉及的因素有很多，但研究发现，其中最重要的是缺乏“主动精神”。要知道，当我们主动去改变自己时，也就会主动去准备，去赢得自己的发展机遇。可以说，教师拥有最核心的素养——主动精神，是直面落实学生核心素养发展的前提和根基。

我们应该有这样的观念和意识——主动做事并不吃亏，而是为自我赢得发展空间。

什么是主动精神？主动精神就是主动去做事。谁能在第一时间内树立理想，并拥有主动性，也就是说，谁能醒悟得更早一点，谁就可能在同一起跑线上比别人跑得更快。

身在教育职场，如果平时只限于应付日常工作，每天“两眼一睁，忙到熄灯”，最终只能累得“气喘吁吁”，而年终盘点，却一无所获。职业规划是每一个教师必须去做的事，如果安于过一天算一天，那么，“昏昏然几十年，除了苦，还是苦，生命里的幸福早已被消耗殆尽”。主动规划是积极进取的状态，是我们出色的理由和前提。工作没有明确的指向，就只能如拉磨的驴子一样，几十年下来，发觉仍在原地打转。世上本没有那条路，因我朝向那目标不停地走，也就有了那条路——那条属于“我”的路。我们必须从心底里明白，主动做事是对自我的锻炼，更是对自我的提升，自我的能力也会在不断主动中得以提升。

一、端正态度，脚踏实地

学者柏杨说:“不认真，不敬业，忽忽悠悠，吊儿郎当地混，是当代大多数人的特征。”无论处于什么样的时期，在思想上应该摆正自己的态度。要明白，现在做的事或许是大家的，但得到的锻炼与收获的经验会对你的一生产生影响，而且现在的付出将来一定会以各种形式回报于你。在学校中，教师主动融入学生，主动关怀学生，或许只是一些小事，却都会使教学、教育发生改变。

或许有人会说,我虽身在教育中,却对教育提不起兴趣。有这种心态，可以说十分普遍。但仔细思考，却不得不承认，我们有兴趣的事情未必能成为自己的职业。美国心理学家埃尔森博士采访了100位人们眼里的“成功人士”,其中61位被采访者说,目前所做的并不是自己喜欢的。其实，真正让自己走进教育,与教育共舞,我们自会发现教育工作的价值与意义。比如，过去的婚姻多是“父母之命，媒妁之言”，并非自己的选择，但那时的婚姻却是很稳固的。原因何在,那恰恰是因为在一起久了,便有了“执子之手，与子偕老”的感受。完全凭所谓的兴趣做教育，可能很难长久，但信念与追求方能让我们坚守。

二、主动研究，寻求机遇

主动做事即发自内心地去做某件事情。我们必须清楚，不要把做事当成是在吃苦，而要明白这正是获得经验、获得发展的好机会。要知道，以后的发展机遇只留给那些有准备的人。人生处处充满机遇，但机遇从来不是放在那里等我们去摘取。

主动做事，在赢得更多发展空间的同时，能不断提升自己。这要求我们主动研究教育，并在研究中进行自我教育。我们从事教育，是为了参与受教育者的成长，和他们一起走过一段年轻的岁月。在这段岁月里，既快乐自己，也快乐学生；既让自己收获幸福，也让学生感受到幸福。而唯有研究，才可能让我们常教常新，每天都能发现自己的新、学生的新、教育的新。如此一来，我们对教育、对学生所抱有的心态便是“感恩”，我们自然会愿意为之不断付出。“苟日新，日日新，又日新。”（《礼记·大学》）搞教育研究，我们就一定能铺就这样的走向。我们也因此会走进教育的新天地，爱上教育。

主动从事教育教学研究，我们会因此而有开阔的视野和灵敏的触角，进而获得价值的认定。这就像农民面对责任田，虽是年复一年的重复性耕耘，可在这现代信息大爆炸的时代，传统农业与现代农业间的收成差距，成为当下每个人应该去深思的话题。于是，现代家庭农场便应运而生，农业产业化增加了农民的收入。教育也是如此，走出传统的教育教学模式，且教且研，我们自会主动转变教育教学思维，走上发展的康庄大道。

当然，从事教育教学研究，需要有相应的素养给予支撑。“不论是自上而下的前行者，还是自下而上的前辈们，他们的经验告诉我们，只有当工作、生活与学习融为一体时，他们的全部思考、行动高度统一时，方可能获得大成。”为此，我们还需主动学习。

三、主动学习，迎接挑战

主动学习，可以说是现今绝大多数教师所缺乏的。有关部门的培训往往是按规定完成的；学校的校本教研有时也是应付。如此，更别说教育阅读。河南省济源市教育局名师培养工程办公室 2009 年曾对全市半数以上的乡镇进行教师专业阅读调查。结果发现，85% 以上的教师自入职以来，几乎没有自掏腰包购买过教育理论方面的书籍；60% 左右的教师只是被动地按照学校的要求，阅读一些统一征订的报刊，而对那些教育经典著作则极少接触和翻阅。开展教育，需要坚持不懈地开展教育阅读，进而提升自己的阅读力。真正的阅读是发自内心的，它能帮助教师从基础阅读开始，在提升阅读力的过程中，走向理论著述的前瞻阅读。通过这样的阅读，我们就能不断地修正自己的教育观、教学观、学生观，甚至价值观。当然，教育阅读既要学会精心解剖，也要学会将其融会贯通，才能将其化为自己的教育能力、研究能力。

或许，有人会说，我处在教育最前线，成天被上课、备课、批改作业等一系列琐事缠身，哪有时间读书。要知道，不能从中挤出时间阅读，我们就只能永远陷入琐事中不能自拔。古人曾有“床上、厕上、马上”的“三上”阅读空间，我们何尝不能如此呢？刚开始，试着挤五分钟的时间来读书，长期坚持下去，我们就可能因读书而提高自己的教育教学效率而有一个又一个的五分钟。到一定时候，每天也自会有一两个小时的时间供我们读书。

我们也可以利用寒暑假集中火力阅读，读一些大部头书籍（教育专著和前瞻著述），以丰富自己的专业知识。

拥有主动精神，自能做最棒的教师。

第二章　赢得课堂，做最棒的教师

1. 做最棒的教师，必须站稳课堂，并赢得课堂。课堂是我们教师的职场生命之所在，赢得课堂，就会给我们的生命增值。

2. 我们在切实的教学实践中，才能不断更新自己的理念之泉源。在研究中发现,我们过去的教学没有厘清“非本体知识”与“本体知识”之间的区别与联系，致使一堂课没把握住重点，偏离了学科教学的轨道。

3. 赢得课堂，必须修炼好四大基本功，即：从学生学习及成长的需要开展学科教学；学生会的不教以提高教学效率；教师先行先学方能着手预设，也才能帮助学生有效地学；教师教得主动，才能激发学生学习的主观能动性。这是成为最棒教师的基点。

第一节　把握好本体与非本体

实现从“非本体”向“本体”的转变

每一门学科所承载的知识,无一例外包括“非本体知识”和“本体知识”两类。在我们的教学中,我们似乎没有参透其中的要义,在其间左右摇摆,以至于教学高耗低效。这到底是谁的责任？症结又在哪？出路又在何方？

一、课堂教学的局限性

一堂课，我们都在向学生讲述着，学生也仿佛在认认真真地听着，然而，学生对知识的理解与运用却不尽如人意。原因何在？

面对教学高耗低效的现状，最怕什么？麻木及“整体无意识”，非也！最怕的首数教学观念的错误。诸如，我过去在阅读教学中，课堂上无节制地拔高文本理解的难度，甚至用自己个性化的理解代替学生的理解，让学生的实践成为表面文章。有时候，我也以自我的理解，以及零散、无序、经验化的教材处理，虚高语文课堂的效度，全面牵着学生学语文，语文课已经成了教师的阅读实践，还美其名曰“语文教学”。自然，这样的教学低效自是难免。

二、转变教学观念是当务之急

观念错了，方向错了，南辕北辙，是不能到达目的地的。转变教学观念，是教好各自学科的当务之急。学生学习能力弱，教师有不可推卸的责任，因为我们没有真正引领学生学到该学科的知识，是教学观念和教学方向出现了问题。我以为，改变这一现状，需要从三个方面同时着力：一是从“教教材”到“教学科”；二是从“非本体”到“本体”；三是从“教过”到“学会”。

1.“怎么教”“怎么教好”没有解决的问题

关于教与学的因果关联，我们并没有处理好。从“教教材”到“教学科”，虽然叶圣陶先生早就指出教材不过是“例子”，而且实际的教学中，由于对教材与学科之间的界限区分不明，结果导致“教教材”让学生并没有学好，“教学科”没有让学科学习得到真正的落实；从“教过”到“学会”，其实每一个教师都已带着这一任务走进课堂，带着这一目的走出课堂，却教不达目的、学没有完成目标，这又是为什么呢？一句话，没有让学生学好，一定是“教”出现了问题。要么“教什么”出现问题，要么“怎么教”“怎么教好”出现问题。

2.“教什么”引发的偏差

学科教学从“非本体”到“本体”观念的转变，实质在于解决“教什么”的问题。近年，虽有人不时发现“教什么”出现偏差，但知其然却不知其所以然。倡导从“非本体”到“本体”观念的转变，提及“非本体”教学内容引发的偏差，我们需要对此进行突破与超越。明确“非本体”和“本体”教学内容内涵和外延是前提。“本体”教学内容主要是学科课程独有的，反映课程本质特征的教学内容，如学科知识、学科学习方法和学科技能。“非本体”教学内容主要是非学科课程本质特征的各科共同承担的教学内容，包括情感态度价值观、多元文化。看得出，从“非本体”到“本体”不只是观念的转变，更是一个方向的抉择，观念之变后才会带动一系列的实践之变。

我们很少意识到“教什么”引发的偏差。我们“教什么”，学生便会“学什么”，甚至最终决定学生“学到什么”。不同教师“教什么”所承载的内涵是有差异的。比如，两位教师同课异构四年级《太阳》一课。一位老师的课堂：研究太阳的特点，太阳与人类的关系。另一位老师的课堂：学习说明文文体的阅读方法。由此看来，前者所教属于“非本体”教学，后者所教属于“本体”教学。很显然，两者间的课堂教学属于两个完全不同理念指导下的阅读教学实践，前者属于重人文性的教学，后者属于重工具性的教学，教学结果定然会因教的不同而决定学生学后所获的不同。

不过，“教什么”引发的偏差，最大的危害性更在于具有长期蛰伏性。近年来，我们的学科教学比比皆是对“非本体”内容的重视，以至于忽视了“本体”内容。纵观近代及现代的学科教育，因为学科教学长期重视“非本体”教学内容，我们不但没有发现其所带来的不良影响，相反，更是将其推崇至极。这导致我们多年来种了“教师”的田，荒了“学生”的园。当下，关于“非本体”向“本体”观念的转变，两者之争虽已暗流涌动，但依旧需要旗帜鲜明地呈现出来，方才可能打破学科教学的僵局。

三、我们必须切实提升专业素养

实现“非本体”到“本体”观念的转变，依旧是一个系统工程，关键在于我们要真有作为。

一是学科教学操作层面的更改。纵观无数的课堂，在操作层面上并非缺乏教育技术、信息技术和教学技艺，更多的是缺乏科学的预设。在教学内容的设置上，建议课前预设时，适量增强“本体”内容学习的系统性，能对照传统的教学设计，在本体内容设计增设上有突破，在学生习得新知、能力与方法上有所增强；在时间的安排上，能适量增加“本体”学习内容的时间，适量压缩“非本体”内容教学时间。在课堂生成中，能重点围绕学生的学习，不再是碎片化地呈现教学目标，而是有序地逐级引领学生积累、迁移与应用，把课堂变成教师引领学生参与实践的舞台，由“教教材”变成用教材学习，以提升学科技能及学习能力，能让学生一课有一得、一个单元有一突破、一个学期有一超越，真正实现学科教学的“华丽转身”。

二是加强学科课程理论层面的更新。首先是课程价值观的转变。在传统课程设置中，虽然重知识、方法和技能习得，但中心却多是非本体教学内容。当前，实现“非本体”到“本体”观念的转变，关键在于能将“本体教学内容”纳入教学中心“第一岛链”的位置，将情感、态度和价值观等“非本体”内容纳入“第二岛链”的位置。在课程内容处理时，能引导学生真正进入学科实践中。其次是加强学科课型重构。将“教教材”变成“教学科”，从学科本体知识切入，重构的课型应该以本体知识为基准设置不断向上的层次，让学生真正学有所得。

三是进行学科教育哲学层面的研习。学科教学出现高耗低效多年，一个主要的原因在于我们缺乏对学科教育系统性的思考、整体批判与创新精神。“非本体”与“本体”观念之间存在着辩证关系。过去的教育主要凸显的是“本体”观念，而近代、现代近百年的教育便朝向“非本体”观念转化。当下的学科教育已经是“非本体”观念呈泛滥趋势，如若缺乏教育哲学层面的思考，忽略对课程方法论的研习，是很难真正认识到当前学科教育弊端的。若对学科教育哲学层面悉心研习，定能找到“非本体”与“本体”观念之间的支点，从而真正让学科教育处于健康的平衡状态。

一个教师如若开始关注教学中操作层面的改变，能围绕“本体”内容进行知识、技能和方法的整合性教学，说明他的专业素养已日趋成熟；

一个教师如若开始关注课程理论的更新，增强学科课程意识，给予明确的本体性教学内容，能围绕本体性内容展开教学，能清晰检验学生的学习成果，研究学科教学内容，全面实现学科课程的转型，说明他的专业素养正在快速嬗变；一个教师如若开始教育思考，实现课程价值观的转变，让学生积极投入学科实践，说明他在学科领域里已有建树。

实现从“非本体”到“本体”观念的转变，是学科教学方向所在，是我们专业成长方向所在。当我们全面而深入地提升自我的学科教学素养，有效步入“学科本体”的殿堂，定会扭转当下高耗低效的尴尬局面。

教本体，凸显学科特点

教什么的问题，是自教育学产生以来，人们基于工具性与人文性争论不休的问题。无论是教育理论专家，还是一线实践的教师，仍然没有形成统一的解决实际问题的一致意见。比如，工具性是什么，人文性是什么，怎样体现工具性，怎样体现人文性，等等。

任何发展都有可能进入瓶颈期，对工具性与人文性的思考也是如此。很多时候，我们的教学都是“荒了自己的田、肥了他人的园”。在“本体教学内容”与“非本体教学内容”之间游移不定，而且更多的时候是偏重非本体教学内容。所谓“本体教学内容”（简称“教本体”），指教本体知识，属于课程独有的，反映课程本质特征的教学内容，包括学科知识、学科方法和学科技能。教“非本体教学内容”（简称“教非本体”），指教非本体知识，属于非学科课程本质特征的各科共同承担的教学内容，包括情感态度价值观、审美教育、多元文化等。

本体知识是教学的命脉。只有把握好学科性知识，才有可能体现出学科味，教自己学科该教的知识。对于每一个教师来说，每一堂课学生到底有什么收获，有时老师和学生都说不清楚，更无从检测。在教本体的基础上再教非本体，很多教师可能一时转不过弯来，一时也不知道具体该如何操作，以至于我们的课堂总是没有清晰的教学目标，教得低效，学生学得模糊。

教应该是目的与手段并存。一方面，教什么是为让学生学什么，这是教的目的；另一方面，怎么教是为让学生怎么学，这是手段。通常目的与手段一致，才能达到很好的教学效果。教的不确定性，便很难达到一个理想的教学效果。探讨教本体与非本体，关键在于能明确教什么，让教什么确定下来，而不是去争论一个无效的结果。本体所教的内容必须是专属于学科的知识、方法与技能，任何扩大和遗漏都会给教学带来严重的影响。如数学学科中"1+1=2"，若教学时只教给学生们知识，让他们识记了"1+1=2"这样一个算式，那只是教给了知识；教学中，依旧还得结合生活实际，让学生知晓用小棒摆一摆的方法，同时让学生能应用"1+1=2"解决生活问题，这样的教学才算完整。

非常可惜的是，有的教师的教学只完成部分本体教学内容，而用大量的时间去做其他事，为此便会让其教学出现"1+1=2"的学习是否快乐的争论，或者探讨"1+1=2"产生的条件。这样要么教错了，要么就是偏离本学科而探讨其他学科的一些知识。

教本体，这只是一个理念。教师怎么做才能发挥它的最高价值，让它在自己手里化腐朽为神奇，才是我们要努力和下工夫的方向。

一、精读课标，用好尚方宝剑

课程标准是教育部制定的学科教学总目标，学校的教学围绕这个目标而进行。精读课标，认真领会课标精神，明确学年任务。教师任教哪个年段，就把哪个年段的课标烂熟于心，牢牢把握，才不会在教学中迷失方向，从而避免越位或者不到位的现象。比如，该高段做好的事情，就不要还纠缠于低段的任务。许多老师不看课标，只凭感觉盲目教学，这样的课堂教学质量难以保证。

二、解读文本，把握本体任务

深度解读文本，弄清文本里包含的本体内容与非本体内容，厘清本体与非本体之间的关系，把本体任务作为教学的主要内容，而将非本体任务渗透在本体任务之中，为本体任务服务，或促进本体任务的达成。不管是文科还是理科，只要认真解读文本，都能从中把握住教本体的教学目的，并很好地落实教的任务。同时，教师还要了解学生的知识储备和能力起点，找准学生的最近发展区，一切从学生的实际情况入手，不要人为拔高学生的学习难度，当然也不能就低，同时要关注低起点的学生。根据学生的实际情况，在教材中找准最具有核心价值的教学内容，让每个层次的学生都各自学有所获。

三、靶定目标，找准重点、难点

“靶”，意即精准。即指我们认真解读教材，把握好本体任务。进行课堂教学设计时，教师首先要精准确定教学目标。目标定不准，课堂效果会事倍功半，劳而无功；目标太多太泛，会将课堂弄得臃肿，顾此失彼，教学难有实效。所以，定教学目标一定要像打靶一样，打准十环靶心，而不是在十环外徘徊。一堂课的教学目标最好不要超过三个，遵循的基本原则是一课一得。目标锁定一定要具体而清晰，还要符合年段特征，便于学生的操作，这绝不能含糊。教学目标一旦定准，教学重点、难点自然是目标的核心价值所在，所有的教学活动都得紧紧围绕教学目标，为突破重点、难点进行设计，不偏不倚，方能有效提高教学效率。

第二节　赢在课堂的四大基本功修炼

课堂高效反映在学生需要上

高效课堂中不管有什么教学目的，教师的学和学生的学达到“双学”专一和协同，才可能真正促成课堂高效。

因材施教是一个古老而经典的话题。只有在课堂中将其细化到具体的流程上，细化到具体的学生上——关注学生学情，才会让学生学得专一，才称得上是还课堂给学生，才称得上是因材施教。

《孙子兵法》云:“知己知彼，百战不殆。”其实，教学也是一样。学生所学如何，我们必须从了解学情开始，从了解学生的内心需要开始，从给予高峰体验开始。

一、学情是课堂教学的出发点

无论何种学科的教学，也无论哪种方式的课堂，教师之教学如果没有建立在学生的学情之上，没有让学生学有所获，都不可能称之为高效。

学情是高效课堂教学的晴雨表、温度计。课堂上，教是为了学生的学。课堂是学生的课堂，学生是课堂的主人，是学习的主体。我们要做到深入了解学生的现有知识水平、学习兴趣、学习要求、学习意见、学习态度、学习能力、学习效果及年龄特点、生活经历、活动范围等。只有在此基础上的教学，才有可能做到有针对性，做到因材施教，才有可能真正赢得课堂。

二、学会看学情，为课堂高效探路

高效课堂注重教师之教，呵护学生，就是让学生在课堂上得到关照，就是让学生在课堂教学中的主体地位得以显现，特别是让教师所有的教学活动都为了学生的学。学会看学情就是在课堂教学中学会看路，它是课堂高效的关键。

1. 通过行为观察了解学生的学情

关注学情，需要练就一双慧眼，洞察幽微，在具体的教学活动中掌握学生的学情。能根据学生在学习中的言行，判断他们的学习进程、学习的得失和困惑，然后根据具体情况对自己的教学进行调整。

在高效课堂中达成双学目标，我们要重点关注自己的教法是否适应学生的需要，学生对老师的教学态度有无反感，教学内容的难易度是否适合学生的接受能力，组织形式能否最大限度地调动学生学习的积极性和主动性等，并根据这些信息，综合归纳，及时对自己的教学内容和方法作出调整，确保教学活动的有序进行，以减少无效劳动，提高教学效率，优化教学效果。

（1）观察发言情况了解学情

学生在学习过程中，其思维、精力的投入程度和对所学内容的理解程度，会通过他们的语言反映出来：学生兴趣高涨时会积极参与课堂讨论，积极思考，回答问题，大脑始终处于兴奋状态，遇到异议时会提出质疑；学生如果听不懂所学内容，或对教学活动不感兴趣，就会表现得沉默不语，或者在下面窃窃私语。我们可根据学生的语言反馈，及时了解学情，判断学生对于所学内容的理解及掌握情况，再根据这些判断，及时调整教学设计，调整标高，提高课堂效率。

（2）观察动作情况了解学情

处于学习状态中的学生，有很多的体态动作可以折射出他们的学习现状。有些学生对所学内容听不明白的时候，就会有眉头紧皱的动作，个别学生甚至还会有坐立不安、抓耳挠腮的动作。如若不在学习状态，思想开了小差，就会时不时地东张西望、目光游移。如果对所学内容根本没有兴趣，或者根本听不懂、不想听时，学生就往往会顺势趴在课桌上，无精打采或进入睡眠状态。相反，如果他们进入了积极的学习状态，而且对老师的教学很感兴趣的话，就会表现出很亢奋的样子，一些学生甚至会手舞足蹈、目光灼灼，显示出饱满的学习激情。

（3）观察表情了解学情

表情、情绪是学生学习的晴雨表。若学生对所学内容听得懂、有兴趣、学得轻松，就会面带笑容；若学生对老师教学不感兴趣，学得吃力，或是有不明白的地方，就会表情呆滞、目光无神、情绪低落等。

在具体的教学过程中，教师如果能够根据学生的这些表情，及时准确作出判断，及时采取调控措施，调整自己的教学方式、教学进度及教学态度，就能避免唱“独角戏”。

2. 通过作业反馈了解学生的学情

我们可以通过批改作业发现学生学习中存在的问题，了解学生的学情——学习态度、学习效果和思维误区等，并针对这些信息，及时调整教学思路，调整教学内容和方法，因材施教，弥补教学不足。例如，有的学生作业整洁规范，方法得当，解题思路流畅，步骤清楚，这就显示出学生对所学内容掌握较好，落实到位；还有个别学生作业马虎潦草，敷衍了事，甚至抄袭他人的，这可以反映出学生对所学内容掌握不好，思想懒惰，学习和作业状态不好等。

3. 通过问卷调查了解学生的学情

教师定期、不定期地开展有目的、有针对性的课堂效果调查，这也是一个目的非常明确、操作方法极为简单的了解学情的好途径。教师可提前设计一些具体明确的问题，让学生围绕这些问题，结合个人实际情况，如实比对自己的学习状况、学习态度、学习效果以及对教师的希望及建议等，如：你对老师课堂教学方式有何看法？你对教学目标有何建议？你在学习过程中还存在哪些疑问？你对目前的考练形式有何要求？……

这些问题既可以以问答题、选项题的形式出现，也可以留出空白，让学生畅所欲言，以便更好地了解教学效果。教师要将调查问卷认真分类归纳，尤其要注意学习能力不同的学生对于同一问题的回答以及学习能力相同的学生对于不同问题的回答。这些都是极为宝贵的第一手材料，对于学生学情的了解、对于自身教学情况的调整都有极为重要的参考价值。

4. 通过师生交流了解学生的学情

我们要建立良好的师生关系，关心学生的学习和生活，多和学生进行思想交流，及时了解学生的学习状态、思想变化，并根据实际情况进行有效的解决和落实。

了解学生学情的方法和途径有很多。如通过摸底测验，通过查阅学生的“入学登记表”、学生手册以及学生过去做过的作业、试卷、笔记本等来了解学生的学习情况。

教师要赢得课堂，达到课堂高效的目的，真正达成教学目的和双学目标，就要把学情的关注点集中在学生的需求上。在教学实践中，我们要自觉地多留心、多观察、多反思、多总结，全面了解学生的学习情况、行为举止、思想情感等，以教促学，提高课堂教学质量。

杜绝课堂的无效在于“会的不教”

会的不教，也即是说，在教学中只教不会的。这样才能向课堂要质量，这是一位教师的天职。高质量的课堂教学，是让学生从一堂课中获得知识、能力与方法，这才是硬道理。树立课堂教学质量意识，真正能让学生在课堂中学会写、学会读、学会说，能让学生真切地感知到进步，这样的课堂教学才是有价值的。

作为教师，教是一个常规性的行为，教得有效才会彰显出应有的价值。但如果学生会了的教师还在教，这其实犯了极低级的错误。调查中发现，我们并未科学地、辩证地理解和掌握学生会了些什么。其实，我们通常认可的会了，主要是指所教授的知识点学生知道了，可这并不一定是学生真会了。若知识、能力和方法三者都已经掌握，方可以判断学生真会了。可现实中教师却依旧还在学生已掌握的知识点上浪费时间，对学生学习的方法及应用能力的需要，教师却依然忽略。

会了不教，不会肯定要教。对此把握不好，可谓是一些教师在很长一段时间内难以提升课堂质量的一个重要原因。

只有找到课堂教学质量不高的病因，才能找到解决的办法。

提升课堂效率，建构会了的不教的意识，非常重要。为了实现“会的不教”，教师必须做充分的准备，包括对教材的熟悉、对课程标准的有机把握、对教学对象的熟悉、对现代教育技术的精准应用等，才可能真正找到“会了不教”的内容。有些知识、能力与方法，哪怕学生不会，只要我们稍作点拨，便会快速地转变成会的内容，这样的内容差不多也不需要教，或不需要用太多的时间去教。对于一些重点的教学内容，很可能班上一部分学生已经掌握，而另一部分还没有掌握，就需要我们投入精力去教。特别是那些教学难点，可能班上有少数学生会了，这样教师的教学方式更需要讲究智慧。

一、追求课堂教学的有效性

所谓课堂教学的有效性，是指让学生在课堂教学中学有所得、学有所思、学有所悟，并且在短暂的课堂学习时间之内尽可能掌握更多知识，最有效发展学习能力，充分激发学生的学习兴趣，并指导学生将所学知识应用于生活。

在一般情况下，鼓励学生独立思考解决的问题，能让学生合作解决的问题，尽可能地合作解决，尽最大可能地让学生参与思维过程。这样持之以恒地坚持下去，学生自然就会养成独立思考、自主学习的习惯，做好预习，课堂上就能最大限度地节省时间去拓展学生的视野。

二、努力发现高效的教学方法

一是熟悉学科教学目标和各年段的教学任务。诸如小学语文各个学段并不是独立存在的，它们相互渗透，融为一体。由于学生生理、心理以及语言能力的发展具有阶段性特征，所以，根据不同学段学生的特点和不同的教学内容，不同学段教师的教学任务也各有不同。

二是提高预习质量。在教学中，为了让学生养成良好的勤于思考的习惯，我们首先得教会学生学会怎样预习，进而提高教学质量，将更多的时间用于教学生不明白的知识点。

三是组建好合作学习小组。合作学习小组的组建能为我们分担很多任务，如课文朗读的检查、生字词的认读及听写、课文的背诵、作业的批改等，更重要的是能形成小组间的竞争、监督，实现共同进步！

四是相信学生。教师要充分信任学生，相信学生的学习能力及办事能力，要充分发挥学生的主观能动性。如学生学习造句，教师要尽情鼓励他们的创造能力，把自己的想法写出来，教师要做的是帮助学生更正错误的东西。

精心预设等于教师先行先学

近年来，倡导先学后教成为又一个新的教学改革方向。对于教师而言，先学后教也是为了达成教师之学的目的，让教师之教促进自我的专业成长。

高效课堂必须是教师之学和学生之学（双学）的和谐与协同。课堂教学中，更多的目的是为达成学生之学，但结果却并不理想。一个主要原因在于教师专业素养并没有跟进，源于课堂教学中并没有促进教师之学。所以，授课之前要秉持先学后教的理念。

影响一堂课成败的关键在于课前的预设，为此，我们将教师先学的基点定在课前预设这一个点上。课前的精心预设包括教育理念的渗透、教育思想的呈现。专业素养的体现，若没有一个学习与提高的目的，教学中注定难有一个新的超越和提高。

一、探路为的是发现问题

精心预设通常包括精心的设计与构思，思考恰当的方法与策略，包括新理念的践行、新教学媒体的引入等。但缺少灵魂——教师所学的融入，双学目标自然难以达成。

精心预设有非常强的针对性。精心预设不只是教师先教先行，而是教师先行先学，充分预见并能结合课堂教学中呈现的问题，包括学科问题、学生主体问题等，推陈出新，真正给出解决问题的最佳办法。

教师在教学之前要先探路，有计划地学习新知，并设立防止教学时出错的预警机制，以充分发挥其主导性，甚至能让“错误”转化成教学资源，得到有效利用。教师先行先学，在学生学习尚未发生认识偏差之前，就能采用有效的教学方法和手段调控课堂，促使学生会学，以此达成教师之学。

1. 关注“生成”不应忽视“预设”之中的教师所学

古人云：“凡事预则立，不预则废。”在预设时，需有机融入教师之学，思考教之前教师该学些什么，并与课堂预设的教学环节有机融合，才可能真正体现出新知应有的作用。教师之学是我们在预设时容易忽略的，也是致使自我专业修炼没有得到提升的一个主要原因。

教师只有精心“预设”新知，预想到更为复杂的“可能”，从而谋划更为周全的“策略”，在面对“意外生成”，才能从容不迫、运筹帷幄，避免束手无策或“随波逐流”，使教学活动更精彩。

2. 用先学改变“意外生成”，实现课堂教学的弹性优化

凡是充满先行先学的课堂预设，在具体的课堂生成中，教师往往会处于一种积极的应对状态，出现更多的临场机智。特别是“意外”出现时，他们会采取一些弹性行动。

教师之学融入预设，往往更能在师生互动中即兴创造，把它作为推进课堂教学的催化剂。特别是当面对课堂生成的偏离，精心预设的教师会与学生在追问寻错、争论辩错、反思纠错等方式中，帮助他们整理思维，引领学生回归到符合学习要求的正确轨道上来。

二、精心预设能把握课堂教学的重心

课前预设是教师课前的努力，课堂生成只是课堂上教师之学的实践时段。在很多时候，我们只关注学生在课堂上的表现。要知道，学生在课堂上的努力方向多受到教师预设的影响，特别是教师的先行先学更带有非常强的倾向性，它真正决定着课堂的重心。

三、精心预设——课堂精彩的保证

课堂教学的精彩是偶然，更是必然。精彩课堂往往存在于教师精心的预设之中。每个精彩的课堂，无不是教师高效能意识的体现，更是其先行先学的结果。

特级教师李观博曾说：“教学不只是直接给学生以知识，还要唤起学生自己求得知识的强烈愿望。”这个强烈愿望的唤起靠的就是教师的教学预设。在问题设计上力求创新、出彩，调动学生的思维，体验探索的乐趣，这无疑是唤起学生强烈求知愿望的一条最佳路径。显然，没有教师课前的努力，便难以实现预设的科学性；没有教师先行先学的新知给予方向的引领，课堂的教学质量无法保障。

1. 预设精心而不是约束

备课中，教师要尽可能地熟悉教材和教法、合理安排自己课堂教学的内容和节奏，特别注意避免对学生的约束。很多时候，自己精心备好的一节课，到了课堂却全然不是自己想象中的样子。之所以会产生这种尴尬的局面，其中一个重要原因就是备课这一环节出现了问题——忽略了教与学的互动，限制了学生的反馈，影响和削弱了课堂教学效果。

2. 教师之学为了学生之学

学生之学需要教师之学作铺垫，教师之学为了学生之学。精心预设要更多地考虑学生这一学习主体。

多从学生的学情考虑，多从学生的接受能力和思维状态等方面考虑。这也正是我们所谓“精心”二字的要义：精心考虑到学生是学习主体，提前考虑学生在学习过程中可能会出现哪些问题，哪些问题会对哪些学生构成学习障碍，哪些问题有可能让学生产生兴趣，学生遇到哪些问题会有哪些反应，教师应该如何处理和应对学生的这些反应等。如果在备课前想到了这些问题，教师的备课思路就会宽广很多，课堂效果就会符合自己的预设。不过，即使教师备课工作再充分，也还有可能会产生令人意想不到的问题。基于此，我们在备课过程中，一定要充分考虑到学生这一学习主体的存在，一定要学会多从学生这一角度考虑自己的教学思路和方法。

课堂上双学目标的达成，教师还需从以下几个方面着力：

因材施教。教师在备课中，要根据学生的学习实际，更多地在如何沟通学生的学习生活世界和书本世界上动动脑筋：假如我是学生，这样的授课内容能接受吗？这样的授课方式能听懂吗？新内容多长时间才能让学生适应？怎样安排才会让每一个学生各有所得？哪些问题学生会有和伙伴合作学习的需要？哪种小组合作的方式学生会充满热情地献智出力？什么方式的汇报交流会让学生有倾听欲望和分享成果的快乐？只有这些问题想清楚了，教师的预设才有可能促成动态课堂的生成。

深入了解。教师在备课前可以找自己班级的学生询问，了解他们的兴趣点、困难点和认知冲突点。反思前一课，掌握学生对本节课的了解和理解有多少？学生、教材、老师的教学和群体学习会有哪些距离？学生喜欢什么样的学习方式？以往的学生在学习本节的时候有过什么样的表现？出现过什么样的问题？他们学习中的难点大概是什么？该准备哪些台阶帮助他们走上来？学生的差异怎样才会变成教学的资源？怎样设置作业才能满足不同层次学生的需要？预设越充分，课堂的意外就越有可能成为精彩生成的契机。

教师在备课时，就要重视兴趣在学习中的作用，使之为课堂增色。有效的课堂教学往往需要设置和教学基调一致的学生兴趣点，寻找和学生心智水平相吻合的调动学习兴趣的方式，营造学生感兴趣的课堂教学气氛，采用符合学生心理的手段和方法，从而提高学生听课的兴趣。如此，一节兴趣盎然、让学生意犹未尽的课才有可能产生。

教得主动才能激发能动性

有人曾言，若把教育当作信仰，便是教师走向成功的开端。一个人身上潜藏着巨大的能量，激发主观能动性，自身能量才会得以唤醒，价值才会得以彰显。当然，面对教育，站在讲台，教师也只有排除一切杂念，才能融入、倾情，这实则需要我们的修炼。而激发能动性是把握一切的总开关。

只有教师教得主动，才可能因此而产生积极的影响。所谓教主要是让学生主动学，成为教学的主体，教师有意识地处于被动。

教得主动，不是被迫的，而是一个教师的教学冲动。只不过，教得主动目的是非常明确的，教师教得主动为的是让学生学得主动。

有目的意识，才会有主动的教的行动。教师主动教是课堂教学有效的前提条件。我们走进课堂，主动地教，并不只是教学过程中精神饱满，还包括我们课前的积极准备。若教师教学随意、站在讲台前总没有激情，其最大的危害是既苦了学生，又辜负了自身的劳动，不能体现教育的价值。

教师为了激发学生的主观能动性，可以创设一定的情境，故意讲错知识点，让学生去主动发现。有许多优秀的教师都因在课堂中发挥主动，才引起良好的教学效果。

在课堂教学中，教师的主动是学生主动的前提。我们应该看到，学生的认识内化成行为的具体表现是学生主动参与学习。主动参与，即主体参与认识的行为实践不是被强制的、勉强的、被动的，而是自觉的、积极的、主动的。学生主动性越明显，课堂教学的有效性就越强。

主动教是一门学问，主动过少、过多都会降低教学的效果。要想让学生学有所获，达成课堂高效，就得想方设法让学生由被动变成主动。学生主动了，自然就对所学的内容感兴趣。为此，我们尽可能创设有趣的情境，激发学生的兴趣，教学时留下悬念，吊学生的胃口，让学生时时猜测，时时想得到悬念的结果，自然也就学得认真，变被动为主动。

在主动教的行动中，有一点是应该提及的，即对教学对象赋予重要性，才可能解决问题。哪怕具体到某一个知识点的教学，有充足的知识储备才可能反映出主动性。相反,若没有对其教学知识点引起高度的重视，没有做足准备（尤其是对学生学习情况的充分了解），其解决问题的效果只能是被打折扣，自然便会因没有很好地解决问题而无法达到理想的教学效果。

激发教的主动性和学的主动性，教学才更有效。有时，我们可以主动地占据主动地位，正面激励学生主动地学、学得主动，有时则需要主动地处于被动，让学生主动地学、主动地表现。如错题错教，将错就错而曲径通幽。为此，再提及一些主动教的技术，以供参考。

一、巧设悬念，调动学生的思维

我们在让学生接触新知识之前，不要急着一下子把所有东西都讲给学生听，把学生当成一个纯粹的听众，这样会使学生觉得索然无味。我们可尝试着说出事物的矛盾性，在关键处停下来，让学生去猜测明明是矛盾的事物，作者为什么还要去写？故事情节会如何发展？这样巧设悬念，往往能调动学生的思维，这个时候的教学不是我们牵着学生的鼻子走，而是学生的思维主动跟着你走，主动去思考自己的猜测是否正确、合理。

二、创设问题情境，激发学习热情

在课堂上，如果我们不顾学生听课倦怠的感受，老是用一种腔调，用一成不变的模式组织教学，一味地只按自己所设计的教学步骤去教学，别说是小学生，就是成年人也会坚持不了多久的。而恰当的问题情境能唤醒学生的学习热情，把教学活动安排在一定的合乎实际的教学情境之中，可以引导学生通过动脑、动口、动手，积极进入问题情境之中，自觉地思考问题，主动地分析问题和解决问题。

三、营造创新氛围，呵护学生的好奇心

小学生的特点之一是具有强烈的好奇心，对什么都感到新奇，对什么都要问个“为什么”。好奇心是创造的起源，是创独思维火花的闪现。如果教学时能给学生营造一个宽松、愉悦的学习环境，学生自然就会轻松自在，心情舒畅，一些稀奇古怪的想法便会涌现出来，思路会更开阔，思维会更敏捷。

教师每次上课，不管自己的心情有多糟，只要进了教室，都得面带微笑，用亲切的语言、信任的目光去对待学生，给他们营造一个创新的氛围。千万不能把个人不愉快的情绪带进教室，让他们心生畏惧，一堂课规规矩矩、胆颤心惊，心里直猜测老师这是怎么啦，如此，就根本没心思听课，更别说什么积极思考了。

四、注入游戏因子，激发学生兴趣

好玩是孩子的天性，设计学生非常喜欢的游戏，把新知识寓于游戏活动之中，使学生在轻松愉快的学习氛围中获取知识。教师要善于把学生喜闻乐见的游戏引入课堂，可以吸引学生的注意力，学生会很快进入学习状态。

学生爱上了主动地学习，便是激发了学生的主观能动性，教学就会收到事半功倍之效，学生的进步就会越来越大，也就越来越感觉到学习的愉快。

第三章　铸就“我的”课程观

1. 课程是什么？教育教学中，一切内蕴积极因素的都是课程。

2. 站稳课堂，成就自我。我们必须明确，满足师生教学之需的课堂，才可能是学生心仪的课堂。

3. 在学校教学课程建设中，“学什么”永远是排第一位的。

第一节　基于学生发展建构课程

最棒教师能建构学生有效学习的课程

什么是课程？日本学者佐藤学在《静悄悄的革命》中说：所谓课程，一言以蔽之就是“学习的经验”。“课程”的英语释义有“履历书”的意思，所以，“课程”是学习的经历、轨迹，也是学习的履历。课程是学校提供给学生在学校期间得以获取知识、能力、人格以及学习经历等一切活动的总和。

什么是课程观？课程观是对课程的各种认识和看法的总称，包括对课程的概念、课程的编制、课程的实施、课程的评价等各个方面的认识。全面认识课程观，前提在于能明晰教学目的，以及怎样教、怎样教好等问题。

教学目的是什么？有人认为可以有两个答案：为了教师的发展，或是为了学生的发展。事实上，不少教师教学目的只有一个——教学是为了学生的发展（教师没有指望从教中得以发展）。目前，不少课堂教学目标不明，即没有教师专业化发展，也没有让学生的四种关键能力即认知能力、合作能力、创新能力、职业能力得到发展。

“学”根植于“教”，“教”服务于“学”，拥有明晰的课程观，是成就最棒教师的基本途径。诸如，倡导形成“双学目标”（教师之学和学生之学的协同）型的课程观，有师生双学的同时存在，绝对不会出现重视了教师的学却忽视学生的学的情况，更不会有因教师的学严重影响学生的学的现象发生。

站稳课堂，成就自我。我们必须明晰，满足师生学习之需的课堂，才可能是心仪的课堂、生机灵动的课堂，也才可能收获硕果。建构科学的课程观，呵护学生的同时，呵护授课中的教师自我，让课堂成为师生的需要，是教师永远的责任和追求。

确立课程观，才能让自我的教学行为有更明确的目的和目标，教促学才不会浪得虚名，学才可能发展，包括教师的发展和学生的发展。只不过，对于课堂而言，教师的发展与学生的发展其属性有着层级的不同，二者代表课堂教学中的两种属性。

建构课程观，走向高效课堂，提升课程力，达成双学目标，我们必须明确：只要是横向的教，其目的只有一个——为了学生的发展，不为了教师的发展。由教转向促学，最大的困难在于传统的教学权威性受到严重的挑战，相伴教的权威性下降，学的主体地位上升。呵护高效课堂，心中就得有学生。它是课堂成功的根本，是确保教的目的达成的保证。让课堂说话，体现“教服务于学”这一主旨，体现“学生为主体”这一中心。一句话，课堂上所有的教都是为了学生的学。同时我们也应该明白，教师之学在于构建符合课堂生态的课程，并促进课程力提升，这并不与教只为学生发展相矛盾，因为它们是两个不同的维度。

课堂上的教主要是为了学生发展，心中有学生，教学才会合目的性；心中关注学生，教学才会有针对性；心中呵护学生，才会收到真正的课堂教学效果。有这样的意识，我们所建构的课程也才会合目的性。以教师的发展促使学生的发展，二者的发展既各有其属性，又相互促进，相互融合。但我们在调研中也发现，在有的课堂上，依旧存在教的目的不明的现象，让教师的学与学生的学混淆。如果教师只是一味地考虑自己的教学行为和方式，而不考虑学生的接受态度、接受能力，不关注学生的思维和情绪状态，不关注学生本身的生活经验积蓄、知识储备，也就是说，很多课堂因为教师的学影响了学生这一学习主体的学，其课堂效能明显地打折扣。那么，在这样的课程建构中提升课程力也只是一个假象（辛苦的假象——教师付出得多，当然也只是单向的付出，课程力的提升却如海市蜃楼），自然也就没有专业素养的真正提升。因为，这样的课堂充其量只算是教师一个人表演的舞台，无论教师的表现有多么投入，多么精彩，其课程的教学效果值得怀疑。

课堂教学的教，是教师专业理念、专业知识和技能等方面的综合体现，抛开教师之学这一目标，其更大目标在于课程力提升，在于学生之学目标的达成。课程力提升与课程产品生成是同步融合的，抛开课程建设谈课程力提升和撇开课程力提升谈课程建构，都无异于在沙堆上建高楼。二者是融合与渗透的关系，它们同时服务于学生的学，并以学生的学为最终的出发点。我们全面追求高效课堂，并一直致力于打造高效课堂，但必须弄明白的是，高效不是虚拟的，不是单向的，它是一个综合性的结果。但首先来说，对于高效的定位，学生之学的效果才是其评价最重要的依据。

解剖传统的教育学双主体地位的理念，我们更应该看到教学中“双学目标”的建立，即教师之学和学生之学目标的建立，是建构课程，达成教师课程力提升而推动课堂高效的保障。但我们更应该感知到，双学目标的定位是当前课堂教学中感觉困难的事。“双学目标”的存在带给课堂无数的困惑，只有分别给予解决，课堂教学才可能真正实现高效。其实，对于具体的课堂而言，只有分清了双学目标的层级问题，才可能真正解决困惑。

“双学目标”并不是对传统教学目标的否定，相反，更是为达成“学生之学”这一目标发挥助推作用。课堂上的“教”主要是为了学生发展，教得好不好关键看课程建构得如何，是否利于教师课程力的提升，也看在此背景下学生学得好不好。为此，在教学实践中，必须充分考虑学生这一学习主体的地位和作用，充分考虑学生的知识水平和能力需求，充分考虑学生个体和个性发展的需要，充分考虑学生多层次的渴望和需求，才可能为达成“教师之学”（建构课程，提升课程力）起到奠基作用。否则，学生成为课堂的主体只能沦为一句空话，“教师之学”也会失去根基和意义。

打造高效课堂，铸就“我的”课程观，教师心中必须先有教师之学，并实实在在地达成教师之学，而后再有学生之学（也才能达成学生之学），如此，才可能真正回归课堂的本真，直抵教学的核心，教学才会有真正的意义，教育才是最美丽的。

有一名教师在讲授人教版语文第三册《酸的和甜的》一课，其教学情景如下：

教师在进行新课导入时，除了播放挂满架的一串串的葡萄录像外，还准备了一盘新鲜的葡萄，让每一个学生品尝。当教师将葡萄盘送给学生时，引发了他们迫不及待、争先恐后的场面。既满足了学生追求新奇、好动的心理，让他们兴高采烈地吃葡萄，兴趣盎然地进入课文学习，也为课文中理解“迫不及待”这个成语做了场景和情绪的准备。当教学过程中教师问学生“小猴子为什么迫不及待”？他们都知道是因为小猴子太想吃甜蜜的葡萄了。教师问学生：“我们刚才为什么也迫不及待了？”课堂吃葡萄的场景就会重新出现在学生的眼前。他们知道自己拿葡萄的时候也是迫不及待的，这样迫不及待是因为怕迟了自己吃不到。

（《老师让学生吃葡萄》）

从师生的双边活动，到“双学目标”的达成，二者是相互融通和相互渗透的，不只是观念的更新，更是行动的落实。教师教得好不好，关键看学生学得好不好。也即是说，教师之学的效果，往往决定着学生之学的效果。我们还可以说，教师之学所指向的课程建构及课程力的提升，往往决定着学生之学的最终效果。

从上面的案例中我们不难看出，只有教师心中有课程，课程建构有效度，课程建设力强大，才能教得巧妙，那么，“学”才会自然生成，才会学得真实、朴实和扎实。学生学习的高效绝对离不开教师专业修炼过程中“教师之学”的修为和展露。教师建构课程，首层的目标是提升自己的课程力，而深层的目标是，使教学变得轻松，使学生学得轻松，从而使课堂变得高效起来。再就是，课程力的提升，能促进教师课程领导力的生成，从而能更好地掌控课堂，引领课堂，并真正把课堂还给学生，有的放矢地改革课程教学结构，从而增效提质。

建构课程指向学生，提升课程力促进学生发展，这本身就是成就卓越的过程,是对教师“本我”的超越,是教师“自我”的升华,是教师“真我”的凸显,是教师“超我”的突破。一切都为学生而谋,方才是“双学目标”达成根本走向，才能使最棒教师“直挂云帆济沧海”。

最棒教师以“学生之学”为根本要旨

教什么、怎么教，学什么、怎么学，“准备怎么教”“正在教什么”“学生正在怎么学”，教师在教学中的主导地位不能被否定，但由于我们对于发挥主导地位的作用表述含糊，才致使教师的行动左右摇摆，“双学目标”难以和谐统一。教师围绕学生之学建构课程，围绕学生之学目标的达成提升课程力，教师才能充分了解学生走进课堂时的知识、生活和经验底蕴，才能充分考虑和尊重学生的内心感受和需要，具体地说，就是眼中和心中都有学生这一学习主体的存在，并在整个教学过程中凸显“学生之学”，这样“学生之学”才显得自然和有效。

学生之学的最高境界是回归生活。课堂教学本身就是特殊环境里的一种生活，一种生存方式。教学时，教师因课程观的引导而建构有效的课程，从而提升课程力，也才会遵循学生的年龄特征，尊重学生的人格，保护学生的兴趣爱好，才可能促进学生快速进入有效或高效的学习之中。

打开学生主动学习的闸门，方法有很多。在课堂教学时能和学生的生活联系起来，便是有效的方法。比如前文案例（《老师让学生吃葡萄》）中的学生不但迅速地理解了“迫不及待”的本意，还能快速地与自己的生活联系起来：“爸爸妈妈带我去哈尔滨，我迫不及待地走上飞机。”“夏天到了，我一个人去上兴趣班，回来的时候，因为天太热了，我迫不及待赶回家享受空调。”“上次，妈妈的同学从德国给我们带了些饼干，我迫不及待把它抢过来吃。”这种举一反三的教学效果，能言学生之学低效吗？

事实上，教师的教是课堂教学的基本内容，教与任何人的学都不矛盾，课堂教学只有真正从学这一角度考虑，只有真正考虑到教是为学服务这一目的，才可能有教学效果的真正生成。教师充分考虑学生心灵世界的需求，也是明晰的课程观建设的基础。任何无视生命的生长性存在，一味规定、限制学生的学习行为，那是对生命潜能和活力的遏制，让学生的生命成为自己意志的体现或自己生命的延续，成为促进“教师之学”这唯一目的，是对生命的摧残，对心灵的扼杀，对自尊和人格的蔑视，这样的教学缺乏起码的道德准则。

高效的课堂，由于学生差异的客观存在，学生之学并非是齐步走和整齐划一的，学生也不可能得到一致的发展，但只要是人人都得到属于自我所学，人人都在成长与发展，那便是真高效。在课堂教学中，我们要创设自由、开放、包容、合作、进取、诚信的良好教风和学风，创设自由探究和共享知识的宽松、愉悦的环境，尊重学生的个体和个性差异，让每一个学生都能充分发挥自己的潜力，这才是教师构建课程和课程力提升之后施展自己的才华之举。

在教学过程中全面提升课程力，我们需要针对学生的实际，一切以学生之学为出发点，设计相应的教育内容，以适应学生自身发展的要求；我们把课堂建设成为学生心灵健康发展的实验室，为学生进入多元文化环境提供指导、支持和帮助，以保证处于多元化文化课堂中的所有学生都能获得成功；我们要使学生时时产生新鲜而积极的体验，以促进其心理的健康发展，确保其心灵的蓬勃自由，体现学习的社会价值和个人价值的统一；我们要开启学生的固有灵性，挖掘学生的智慧潜能，发展学生的学习动机、学习兴趣、学习情感、学习意志等个性特质，促进学生健康成长和全面发展，让学生的学习过程真正焕发出生命的活力。

在教学过程中，考虑学的专一性，需要我们围绕课程观，充分考虑学生对知识与能力的需求，全面把握学生已有的经验及知识结构，切实把握学生在此时学习中的需要，把握学生在知识学习与能力发展上的需求，建构真正达成学生之学的精品课程。

特级教师于永正执教《七颗钻石》一课时，先是工工整整地把生字词写在黑板上：喜出望外、焦渴、干涸、一瞬间等，并将这些字词的理解全部放在具体的语境中，便于结合上下文理解词语。但是，学生会读了、理解了，这些词语仍然只能作为具体的知识积累在学生的知识系统中，存入他们的知识仓库中。

存在仓库里的知识只能是“死知识”，只有将“死知识”经常运用，让它们周转起来，成为后续学习和解决问题的基础和支撑，这些“死知识”才能变成“活知识”。在深入理解课文后，于老师把板书的几个词语标上序号，启发学生说：“词语只有在说话和写作中灵活运用，这些词语才真正属于你自己。请同学们试着用上这几个词语，并按照词语的顺序来讲述‘七颗钻石’的故事。”有了这几个词语引路，学生就好比抓住了一条讲述的线，在简短的准备后，纷纷举起了小手。

著名教育家苏霍姆林斯基创造了一所“蓝天下的学校”，意在引领学生在自然中学习“活知识”，鼓励学生将所学知识在生活中运用，让“死知识”真正“活”起来。所以真正的学习不是让学生积累越来越多的知识，而是给学生创造机会，鼓励学生运用所学知识解决问题，让每个知识经过“活用”后真正成为学生自己的知识。

（《让“死知识”真正“活”起来》）

课堂中的知识是有生命的，当学生之学目的达成，就实现了他者向学生自我的转化；高效课堂中的知识是有温度的，当教师充满激情与智慧，实现教的生产性全面转化为学生学的生产力，学生之学就充满温情和温暖。让课堂成为学生成长的知识家园，是赢得课堂教学的一个基本标高。“知识建构要与学生个体世界紧密相连”，应该视为现代教育学的核心内容。

确立明晰的课程观，需要我们能充分考虑课堂教学的知识体系目标，达成学生之学的专一性，这是课堂教学知识学习中必须要明确的一个基本项。教师要建构课程并提升课程建构力，就要能够充分研究教材、研究本节所教内容在教材中所处的地位，充分考虑所讲内容的教学意图和宗旨，以及在彰显学生学习主体地位中所处的位置和影响，再结合具体的教学实际，确立客观具体的教学目标。没有目标，课堂教学就会成为一只随波逐流的小舟，而不会有一个理想之处让自己的教学得以停泊，课程建构便会化为泡影。只有目标确立，才能让自己的课堂教学本立而道生，纲举而目张。

确立明晰的课程观，需要我们能充分考虑课堂教学的组织结构。如何才能让学生最大化地开展学习活动，最大化地掌握教师所讲授的内容呢？这需要我们充分考虑学生对所教学科知识的掌握程度、理解程度以及运用程度，充分考虑学生的学习状况，在本章节、本单元的学习中还需要落实哪些知识的学习、理清哪些知识结构，运用哪些方法和手段来完成这些内容的学习。备课充分，才可能组织好自己的课堂，让自己的课堂教学目标明确，并有序落实在教学之中。

确立明晰的课程观，需要我们能充分考虑达成“施教于课堂，得利于课外”这一教学目的。学生对所学的知识，不仅仅是为了当堂当节的学习，更为重要的是，让学生学会学习，学会巩固，学会运用这些知识解决其他的问题，学会通过知识的迁移，达到能力的提升。这才是我们课堂教学的目的，也是学生对知识需求的最好诠释。在这一点上，教师要充分考虑自己的课堂教学如何做到让学生所学得以巩固，需要运用哪些经典的练习进行巩固，运用哪些例题进行拓展，怎样才能更好地让学生对所学知识进行理解和运用，从而让学生真正成为学习的主人，成为知识的主人，成为创造的主人。

通过课程观的确立，达成教促进学，教学相长的目的。让学生在学习中里认识自己、发展自己、塑造自己，在自我优化中实现理性建构和个体价值，使个性和共性、主体和客体获得高度的统一，才能真有生命的拔节。学生既是自身生活的主人，又是自身学习与世界及社会相融合的主人，在这方面，我们不能与学生之学相争。我们一定要让学生的知识、能力，情感、态度，精神、人格在我们的课堂教学中得到协调发展，获得全面的提高和升华，让学生之学与教师之学的目标在课堂教学中得以同步达成。

第二节　精心打造“我的”课程产品

精心打造教材和教学内容

铸就“我的”课程观，需要科学的认知。探讨课程观，我们必须先弄明白课程的属性（是教育的产品），而后方可知晓提升课程力、打造精品课程的方向。前面，我们已经阐述高效课堂是“双学目标”达成的多维目标的集中呈现，很明显，“双学目标”是以课堂中所有人发展为基础所设定的目标。在具体的教学实践中，多年来人们一直混淆了一个概念，把“人”作为了教育教学的产品。这实则是人们认识上的误区，“人”只是课堂教学的主宰或对象，是有血有肉、有思想有灵魂的载体。人永远不是任何人的产品，也不是任何时空的产品，如若坚持这样认为就是对人的人格的不尊重。

我们知道“产品是指能够提供给市场，被人们使用和消费，并能满足人们某种需求的任何东西，包括有形的物品、无形的服务、组织、观念或它们的组合”。从这个意义上说，人，绝对不是教育的产品。到底什么才是教育教学的产品呢？回答这一问题，要把焦点集中于课堂中，寻找能够供人们使用和消费，并能满足人们某种需求的东西，自然便会发现诸如物质性的教材、教室、教具等，非物质性的提供给人服务的教育教学以及某些特殊的教育理念等，这些才可谓是教育教学的产品。这些物质的或非物质的，都属于学校为实现培养目标而选择的教育内容及其进程的总和，它们直指课程。为此，我们可以得出结论：课程才是教育教学产品。

明白了课堂教学中产品的概念，我们更需要明白什么样的课程观才是我们需要的东西。

在所有教育教学产品中，“学什么”永远是排第一位的。虽然社会最看重的是通过教育让人最终取得成就，甚至会忘记或忽略曾经所用的教材或所学的教学内容。其实，只要稍加思考，便会发现多年来提供的科学的教材或精品教学内容的重要性，要是没有这些做支撑，低劣教育成就的出现就是低劣的课程产品的罪过。

提供精品教材是高效课堂最基本的需求，是对教师课程力的直接要求。教材是课堂中师生双方开展教学活动的纽带和载体。教与学有效进行的关键，在于能否围绕教材让教学内容有序展开。近代，提供给课堂的教材，几乎是经过有着特殊经验的专家给有序编排，而后按照知识难易和学生的接受程度进行系统设计的。教师进入课堂，几乎不再为教授什么教材而犯难，只要合理安排、有序实施，便可完成某一时段的教学任务。

“学什么”，“教什么”；“教什么”，“学什么”。只要去审查这两组带有逻辑关系的语句，便会发现带有共性的教材虽然体现着科学性与严谨性，但对于具体的学生而言，“教教材”依旧满足不了他们的需求，教材显然还不等于精品教学内容，我们只有依据教材进行合理的提炼、开发和重组，才可能真正打造出符合高效需求的教学内容。

当今的教育，正悄悄地经历着信息化的浪潮，对传统理念带来强大的冲击。这里，更需要作为课堂守门人的教师拥有一双慧眼。拥有精品意识是教师擦亮眼睛的法宝。全面建构精品教学内容，将教材消化成教师的教学内容，应成为所有人的追求。我们总在努力地将教材进行处理，打上带有教师独有的带有倾向性标识的教学内容。诸如充分地理解教材，创造性地运用教材，找到教材内容与学生学习发展区的最佳结合点；集中教材的优势，突出教材在学生的知识接受和能力培养上的价值。

走向高效课堂，提供精品教材，是卓越教师的理念与追求。教材与教学内容之间的讨论是永远牵扯不完的话题，我们通过辩证的认知基本达成“教材不等于教学内容”的共识。事实也是这样，教材是理性知识的有序集合，需要教师抓住教材充分理解和设计，需要教师将个性化的专业素养融入其中，才可能最终形成切合师生教学实际的教学内容。如何有效地使用教材，这几乎是一线课堂教师最迫切需要解决的问题。争论多年，有人试着给出了解决的方案和对应的答案，结果是谁也没有真正解决这一问题。其实解决这一问题只能靠教师自己，其他任何人都不可替代。

有人甚至或得出教学内容等于教材的内容的结论。教材具有权威性，谁也不能否认。在实际教学中，很多教师就因受困于教材的权威性而严格执行教材。按理而言，如此的行为是应该能取得较好的教学效果的，可事实恰恰相反。只要真正深入课堂便会发现，我们很难严格执行教材，在教学中越是不敢越雷池一步，对教材贯彻越是被打折扣。打破教材权威性的束缚，超越教材，建构专属于“我，我的”教学内容等，才会促成高效课堂精品课程的产生。

丰富教材，并进而打造精品课程，有精品才有创新。课堂教学需要面对学生真实的认知、展现学生真实的学习过程，让每个学生都有所收获和发展。毫无疑问的是，教师如何利用教材，如何挖掘教材，如何充分发挥教材的教学效果和价值,是教师教学功底和能力的体现。客观地说，教学内容往往就是教师本人的内容，是教师本人对教材的理解、运用和发挥的表现，是教师对教材的开发和重组的展现。教师对教材的不同理解和运用，会导致不同的课堂教学效果。

如何让教材的内容更好地适应教师课堂教学？如何让教材在教师手

中发挥更大的作用？如何让教材更好地符合学生学习的需要？要回答好这些问题，关键在于教师能积极地投入研究，努力做到“两个熟悉”：一是熟悉教材内容，一是熟悉学生。教师首要在于了解每一节内容在整个教材中的地位，有哪些知识点和能力因素，难度、难点在什么地方等。教师其次要看学生是否具备所需的基础知识，对将要学习的问题是否有兴趣，学生的接受能力如何等，而后做出对应的调整。“两个熟悉”实是教材编订的依据，两方面的情况决定教学方法、教学内容、教学过程等。如果学生在基础知识上有欠缺，在教学中就应补充这些知识，以充分保证学生知识体系的完整性；如果学生对将要学习的问题缺少兴趣，就应想办法激发其学习动机。

精心编写教材，确定合适的教学内容，是教师核心专业能力的体现。教师运用教材的能力有限，或没有正确的教材观，往往更会将教学带入误区，严重影响教学效果。很多时候，我们的课堂教学表面看热热闹闹，学生积极参与，课堂氛围浓厚。但是，如果仔细研究就会发现，因为教师对教材内容讲授不得法，甚至连“教教材”的程度都不能达到，就更不用说“用教材教”“用教材学”了。这会导致整个课堂教学严重偏离正常轨道，教材的教学价值得不到体现，教材的教学资源得不到发挥。学生知识的获得、能力的形成以及思的启迪、美的熏陶、情的感染也都统统成了空中楼阁，没有附着的可能。这就是对教材的不尊重，是对课堂教学的不尊重。如此，教学导致课堂的低效也就不足为怪了。

教学内容不等于教材内容，但教学内容反映教师的业务能力和专业水平。我们每一位教师应该努力提升课程设计力，建立教材精品意识，全面打造精品教材，并将教师自我的教学理念融入其中。当今的教育正在悄悄地发生变化，特别是我们处于信息化社会，一切资源皆可以共享，一切经验皆可以借鉴，一切成果皆可以吸收，这更是给我们的工作带来诱惑与挑战。我们以前备课，需要认真解读教材才可能完成课前预设。今天，若我们只求交差，只求“差不多”、“过得去”就行，也只求简单的“拷贝”，就能将问题解决，那么结果如何呢？这种偷工减料不但没有省工，久而久之，只会让我们养成懒惰的习惯。如此，与树立精品教材意识的要求相差甚远，我们必须克服才行。拥有打造精品教材和教学内容的意识和行动，才是在为最棒教师的炉灶里添柴加薪。

铸就“我的”课程观生成课程

谈课程是产品，要明晰课程观才是构建课程的前提。构建课程产品，绕不开对课程观的认识。而谈课程观，得弄明白什么是教育思想。课程观，是教育思想的具体表述，更多的时候直指带有倾向性的生产意识和行为，即解决教育问题的意识和行为。

课堂是课程生成的地方，是课程力提升的地方，更是教育观产生的地方。教师离开课堂，没有课程产品的生成和课程力提升，难以生成教育观。课程观并非都是成熟的和正确的，在课堂中提升课程力练就成熟的自我课程观。

回归课堂教学，我们要铸就自己的课程观，让课堂教学远离平庸，达成“双学”目标，创生有价值的课程，提升课程力，坚持自己的教学思想，形成高效课堂。

生成课程，提升课程力，课程力铸就课程观，最大的作用在于给予他人或自我帮助，让人下决心去做，从而抑制薄弱意志而体现出教育的艺术性。对于课堂，过去我们常以为课前经过精心设计，教学过程中逢山开道、遇水架桥，做到畅行无碍便是好课，其实那样的课往往掩藏内在的问题——没有发挥帮助作用。我们知道，任何人接触新知、探索新问题时都难免经历误区，只有在反复思考、跨越障碍之后，只有真正寻求到准确性和形象性后，方能下决心抵达正确认知的彼岸。教育思想不是抹灭障碍，课堂固然如水银泻地，极具观赏性，但真正的认知过程却被扭曲了。打造高效课堂，往往体现在让该发生的发生，让该困惑的困惑，让该曲折的曲折，让师生的心灵敞开，将彼此的表达系统和接收系统都启动起来，师生双学目标都能达成，也才能生成真正的课程产品。其实，这样的课堂才是真实自然的，才是美的。

课程力铸就教育思想，带着强烈因果判断而存在于课堂之中。课程观无不带着教师的思考与引导，通过其自身的认知能力达成课堂高效，让课堂平添亮色。在这样的课堂中，既有教师对于学生情感体验的呵护，又有教师对于教材文本的把握；既有教师不露声色的引领，又有师生的深入交流。教学相长，师生双方同行同止、共同双学，学生在教师的引领下学习，教师在与学生的互动中增知长能，课堂之舟一路前行。

用课程力铸就自我的课程观，尽可能满足课堂中最现实的需求，用其正确的教育思想做出正确的判断和推理，在正确的教学行动之下一定会让自己的课堂增色，让自己的课堂离成功更近。因为，铸就正确的课堂的教育思想会指引我们的实践，会让我们的课堂变得更加细腻，更加有课堂的本色和个性，而这正是成就课堂的一个核心因素。富含正确教育思想的课程才能切实保障“双学目标”的达成。

任何事物都是一样，只要拥有正确的方向与价值认定，便会产生积极向前的力量，会产生鼓励鞭策和积极的效果。我们的课堂也是一样，有了课程力和教育思想，有了我们的用心呵护，就会让我们的课堂走出平庸，渐有起色，就会让平时看起来觉得琐碎的教学环节变得格外有意义，甚至就连平时听起来刺耳的孩子的叫声，也会变得动听而悦耳，也会充满教育的希望和契机。

在课堂中磨炼自我，需要把心放在课堂。对于我们普通的教育者来说，也许觉得自己离名师很远很远，总觉得那些美丽的光环对自己而言是可望而不可即的。其实，这些名师当初踏上讲台的第一步和我们的第一步并没有什么根本的区别。如果说有区别的话，可能更多的是对课堂教学的尊重，对课堂教学的认识和研究，对呵护课堂的充分理解和落实。也许就是因为我们少了一颗呵护课堂的心，少了从一开始便对课程的建构及课程力加以关注并一路落实和提升，才让我们的教学人生沦为一般的人生，而无以演绎出我们教育舞台上的精彩与美丽。

朝高效课堂的方向努力，从最基础的方面做起，深深植根于课堂，从课堂教学最基本的需要做起。只要我们拥有了正确的方面、坚定的意志、孜孜以求的探索和实践，相信我们就有可能有真正意义上的课堂教学，建构真正的课程，就有可能走出自己的教育之路，就有可能书写出自己的教育篇章。

课程观、课程、教育思想，是相互融合和渗透的。这需要我们随时修炼自己的教育思想，铸就“我的”课程观，以观念指导实践，才会有随时把握课程资源生成机会的能力，从而造就出“我，我的”课程精品。

中篇 ZHONG PIAN

大爱教育铸师德

第一章　小教师的大情怀

1. 师德，是教师必需的修炼。铸师德、为师表、正师风，是教师一生的功课。

2. 成为最棒的教师，是为师的追求。在这条路上，教师不断探索，孜孜以求，荣誉的获得，是对师德修养的肯定，但未来教育的路还很长。

3. 走在成为最棒教师的路上，修炼“大器”是为师的梦想，大器为师显大气。同时教师还应修炼对教育的大情怀。教师的教育情怀，是师德高尚与否的佐证。

第一节　做“大器”的教师

小教师需大气

做最棒的教师，师德先行。修炼师德，首先需要做一个“大器”的教师。而“大器”必“大气”，因为大气的教师能在生存与生活之间游刃有余。在教育职场中，做教育之事，行教育之为，使教育之劲，收教育之果。用最强大的方式让自己更加有力地生存于教育这片沃土，更能把教育过成一种生活，用生活的方式生存于教育职场，浇灌出一朵朵美丽的教育花。

中国的传统文化最强调“气”。古代思想家认为，万物是由“气”这种精细的物质实体构成的。究其实，“气”的本质是志、义、道，是一种高尚的道德精神状态，气小则充满身体，气大则充满宇宙。在今天，“气”表现为一种精神、一种境界、一种理想。教育需要有“气”，教育者更需要有“气”。站在新课改前沿的教师,更应该“大气”。可以说,做一个“大气”的教师，是当下教师必然的追求。

“大气”就在于有教育理想。不管时代的潮流和社会的风尚怎样，人总可以凭着自己高贵的品质，超脱时代和社会，走自己正确的道路。有教育理想的教师他们不追求这些物质的东西，他们追求理想和真理，得到了内心的自由和安宁。无论社会环境怎样，他们依然心不浮躁，静静地追求着更高远的教育。这样，我们才能勇担起教育的责任，尽力发挥自己的聪明才智去探求教育的本质，去尽心竭力地实践教育的理想，在日常的教育工作中去体悟教育的真谛,感受生命的精彩,探究教育的本真。有教育理想的教师就不会死教书，敢于走出教育看教育，敢于发展自己健康的爱好，用这些爱好为自己的教育教学工作加油助威，让教育的内涵更加丰富。

“大气”就在于有眼界。“会当凌绝顶，一览众山小”。一个永远只站在教育谷底的人,就如“井底之蛙”,只能看到教育的局部,只能在“分数”的天地里摸爬滚打，这是不会有什么出路的。我们要敢于登上教育的峰顶,去开阔自己的眼界,看清自己的优势与劣势,敢于去扩大自己的优势,让自己的劣势渐渐隐退直至消除，去做好发展自己和学生的要事。同时,登临教育峰顶，才能看清当前的教育处于一个什么位置，自己又身在教育的哪个层次，也才会敢于去付出自己的智慧、辛劳和勇气，去提升自己教育生命的内涵，提高自己的专业素养和职业修养。不断用自己的提升去发展学生，进而发展教育，用自己的力量让教育为国家的强盛起到推波助澜的作用。

“大气”就在于目标高远。没有目标，犹如在暗夜里前行，随时会碰壁和跌倒。而长期处于无的放矢的状态，就会渐渐地被磨去棱角，成为教育天地里的行尸走肉。目标不仅为教师导向，更给教师激励和动力。实验研究表明，目的性行为的效率明显高于非目的性行为。心理学家曾把激励比作跳高，若要跳得高，必须要有一个横竿作为目标。有无横竿，跳的高度是大不一样的。我们首先要有目标，这目标首先是自我的成长。因为学生和谐而健康的成长、教育的发展，都离不开教师的成长。所谓教师的成长是无止境的。如果把成长简单地归结为会照本宣科，那只能成为匠型教师，那就会渐渐地失去动力，所以，教师应该结合自身的实际，确定自我发展的高远目标，并为此制定好发展规划，促使自己向着从匠型教师到专家型教师、到学者型教师的方向去努力。只有当自己的目标具有巨大的挑战性时，才能调动自己的积极性。因为目标的高远，才能使自己为目标的达成去进行坚持不懈的努力，哪怕摔倒，哪怕失败，都不会让自己放弃。

“大气”就在于拥有一双慧眼。一首歌里唱道：“借我借我一双慧眼吧，让我把这世界看个清清楚楚，明明白白。”我们也需要慧眼，但这慧眼不是向他人借，而是要自我练就。练就慧眼，有几个因素不容忽视：一是对教育有真爱，对学生有大爱；二是有丰厚的学养；三是有多角度看事物的方法；四是有持之以恒的毅力，不达目的不罢休的勇气。拥有一双慧眼，在面对学生时，才不会“一概而论”而是充分了解他们，尊重他们的个性，循着他们的个性去引导他们，让他们张扬自己的个性、发展自己的个性，成为他们自己应该成为的那种人，成为素养全面、个性鲜明的人。

大气，必定有“独立天地间，清风洒兰雪”的从容淡定，有“自信人生二百年，会当水击三千里”的气势，有“仰天大笑出门去，我辈岂是蓬蒿人”的旷达。大气，必定敢于以教育为己任、视教育为终身信仰。最棒的教师必大气。

平常心中炼大器

做最棒的教师，成“大器”是目标、是追求。教师是教育职场中最平凡的一分子，面对教育，面对学生，拥有平常心，方能赢得教育，赢得学生，赢得成长。

当初进入教育职场，我们都雄心勃勃，都希望自己能干出惊天动地的事业，为教育做出自己的贡献。然而，“理想很丰满，现实很骨感”。因为我们所面对的每个学生，他们各具个性，有的甚至不断挑战我们的耐心。于是，我们的锐气渐渐被磨平了。我们的初心不再，我们大器的梦想已不知被时光之风吹到哪个角落霉烂了。

其实，守住初心，让大器的帆船再次启航，只需要我们拥有一颗平常心而已。

春去春又回，寒来又暑往，大自然的一草一木总是在周而复始地变化着。它们绿了黄，黄了又绿。大自然尽情向世间展示着自己的生命，证明自己的存在。其实，人类社会也是这样啊！“人事有代谢，往来成古今。”这是自然规律，由小孩变成青年，由青年步入壮年，最后步入老年。人就是这样，在世间的脚步很匆忙。作为教师，我们为什么不像那些草木一样毫无怨言地尽情展示自己的生命呢？为什么不用平常心对待生命的每一天，对待教育教学的每一天呢？

身为教育者，我们每天都与那些有着不同个性的孩子们打着交道。正因为他们各不相同，他们对同一件事情的认识才会不一样。自然，在学习生活中也才会不可避免地与他人产生矛盾，甚至会生出一些事端。应该说，这是很正常的。然而，当他们因为犯错站在我们面前时，身为教师的你会采取什么态度呢？或许，你会对此大发雷霆，甚至还可能施以体罚。

其实，在暴跳如雷之后，我们的教育只起了一时的作用。在老师的面前，学生可以很迅速地承认错误，仿佛矛盾被化解了，问题被解决了。可是，等过后不久，学生的毛病又犯了，死灰复燃了。当他们再次站到你的面前时，恐怕你会更加狂躁。这样处理学生问题，只会形成恶性循环，永无宁日。

拥有平常心，才会用冷静的头脑，平心静气地省察教育教学生活中所发生的一切事情。《孙子兵法·虚实篇》里说：“兵无常势，水无常形。”学生处于成长之中，他们会时常有着这样那样的表现。因此，我们必须针对他们的现实表现而采取不同的教育策略，而不同的策略来自于静心的思考。所以，拥有平常心，才能在面对学生所生发出来的问题时，内心更平静，也才会更加理性地思考解决的办法。教育家陶行知说："打破侦探的技术，丢开判官的面具，在思想上开导，在心灵上抚慰，照亮他们需要光明的心，从而让他们看到希望，得到温馨，促使其源自内心的觉醒，认清自己的过失，这才是真正的动心为上的教育策略。"雅斯贝尔斯也说："教育的本质意味着：一棵树摇动另一棵树，一朵云推动另一朵云，一个灵魂唤醒另一个灵魂。"教师拥有平常心，也才能进行入心的教育，去以心靠近心、去以心赢得心，从而以更加充满人性的言语去浸润学生的灵魂，用春风化雨般的"甜言蜜语"去开启他们尘封的心门，让他们从心底里愿意服从你的教育，从心底里愿意改变自己。唯有这样，才能唤醒他们的内心，让他们的心灵开出生命最美丽的花朵。

教育需要保持平常心。拥有平常心，我们才不会浮躁。遇到教育上的问题，也才会真正以智者的头脑去反观教育现象的背后，站在学生的立场去思考问题出现的根源，也才会由学生的所作所为联想到自己小时候的行为。我们会因此发现，他们那调皮的背后、那打架的背后藏着的并不是我们想象的那么难以理解。那是我们小时候也曾经有过的天真和顽皮。或许是因为他人手里的零食没有拿出来分享，抑或是某人的小谎言又被他人识破了，而面子上过不去，因此才惹出事端。那么，在推己及人之后，才会获得原来如此的感觉。自然，也才会平心静气地对待发生在他们身上的问题。唯有如此，我们才会真正地明白这调皮、贪玩、打架的背后其实都是有原因的，而且这原因还那么简单和幼稚，就如我们小时候一样。如此思考，你还会大声地批评他们吗？责怪他们吗？

拥有平常心，才能处理好平常事。教育都是由极其平常之事所组成的，以平常心解决好了这些平常的小事，我们就做好了学生成长的大事。因为处于成长过程中的学生，需要我们采取恰当的方式去教育他们、引领他们、影响他们。尤其需要我们用耐心、真心、诚心来对他们进行潜移默化的影响，进而引导学生学会学习、学会生活、学会相处、学会做人、学会自我管理。如果学生都如我们想象中的那么听话，都自觉地开展学习活动，什么事都不发生，那就太平淡了，而且这平淡会让我们感觉教育是那么的索然无味。再说，对于各具个性的学生来说，那是绝对不可能的。

“每临大事有静气”吧，不用气恼，不用烦忧，用一颗平常心真诚地引导他们吧。唯有如此，我们才会更加睿智地处理教育教学中生发的一切事情，也才会使学生真正健康成长。

大器为师有胸襟

“心有多大，舞台就有多大。”最棒的教师，不在意一时的得失，不计较别人比我又多得了点儿什么。最棒的教师，是有胸襟的教师，是敢于在自己的舞台上纵横驰骋的教师。有胸襟，才最终成就了为师的成长和成功。

初入教育职场，我们激情四溢，豪情万丈。然而，在职场里摸爬滚打几年，十几年，乃至几十年后，我们变得势利了。岁月和煦的春风吹拂着我们的身心，学生天真、求知若渴的眼睛尽管天天都与我们相对，他们活泼可爱的身影也时时在我们眼前呈现，却再也无法在我们心中激起哪怕丁点儿涟漪。因为不知何时，我们成了“天下熙熙皆为利来，天下攘攘皆为利往”这句话的主人公了，我们的胸襟已在渐渐变小，小到连我们自己都装不下了。

孟子说：“生，亦我所欲也，义，亦我所欲也。二者不可得兼，舍生而取义者也。”是抱负，也是胸襟。范仲淹说：“先天下之忧而忧，后天下之乐而乐……不以物喜，不以己悲。”是抱负，也是胸襟。一个人的胸襟有多大，他的成就就有多大。我们的教育同样需要胸襟。

我们评判好教育的标准很多，但有一个标准不能忽视，那就是教育有胸襟。教育的胸襟源自于学生的胸襟，而学生的胸襟则与教师的胸襟息息相关。今天，社会越来越进步，教育也得到了发展，然而人们的胸襟却越来越小。在学校，此种现象也是十分突出的。

在学校，确实有一些教师不能静心于教育研究或教育科研。应该说，搞研究的教师，辛辛苦苦一年，多拿个一两百元，实属正常。但因为只涉及少数人，也因为多数人的利益仿佛被触及了，就要将此去掉。

没有胸襟，实是心理上的问题，是懒汉思想在作祟。不是懒得和你争，而是懒得“见贤思齐”。看到别人有成果了，不是“内自省”，不是去发奋，迎头赶上，而是心怀妒恨，想方设法去打压，或者说些中伤他人的话。别人的付出你没看到，别人有了收获你就心里不满了，胸襟何在啊！教师的胸襟是会影响学生的。教师有胸襟，学生才大气；教师有胸襟，学生才会悦纳他人。

做个有胸襟的教师吧，做个有修养的教师吧！因为有胸襟的教师能让教育、让我们的学生时时有“面朝大海，春暖花开”的感觉。每一个教师都应该且必须乐于为教育谋，以教育为己任，勤于为教育付出，拥有天空般广阔的心境，要“不畏浮云遮望眼”，敢于冲破“欲渡黄河冰塞川，将登太行雪满山”的困境，去为学生铺开广阔的天地。同时，尊重他人的成果，面对别人的成就，探究其背后的原因，并努力学习，向他人靠齐。

做有胸襟的教师，让教育海阔天空；做有胸襟的教师，让自己成长有分量；做有胸襟的教师，自信地与“最棒”共舞齐飞。

小教师做好榜样

成为最棒的教师，本身就是榜样。但在成为最棒教师的路上，我们都必须以成为“榜样”来要求自己，时时给学生、给他人以积极的影响。

《论语·子路》说：“其身正，不令而行；其身不正，虽令不从。”意思是说，当管理者自身端正，作出表率时，不用下命令，被管理者也就会跟着行动起来；相反，如果管理者自身不端正，而要求被管理者端正，那么，纵然三令五申，被管理者也不会服从。身为教师，与学生相处，又何尝不是这样呢？威·亚历山大说：“命令只能指挥人，榜样却能吸引人。”事实上也是如此，因为“喊破嗓子，不如做出个样子”，因为教师的“样子”能为学生的成长创造一个好的“精神环境”。夸美纽斯说：“如果教师在实际工作中是本学科的权威，仿佛是应该做和应该避免做的事情的活百科和活例子，那么，他们就会顺利完成教学任务。所以，模仿他们既容易又可靠。如果走在前面的人方向正确，跟随者就会正确无疑，诚如‘统帅怎样，兵士也是如此’。”（《论天赋人才的培养》）

梅贻崎在《大学一解》中谈道：“古者学子从师受业，谓之从游。孟子曰：‘游于圣人之门者难为言。’间尝思之，游之时义大矣哉。学校犹水也，师生犹鱼也，其行动犹游泳也，大鱼前导，小鱼尾随，是从游也，从游既久，其濡染观摩之效，自不求而至，不为而成。”教师的个人形象，教师的榜样示范，无不对学生产生着潜移默化的影响，这就是身教重于言教的关键之所在。一味地说教，千叮咛、万嘱咐，不如举着“榜样的火把”走在前面，给学生以看得见的影响。

子墨子言见染丝者而叹曰：“染于苍则苍，染于黄则黄。所入者变，其色亦变；五入必而已则为五色矣。故染不可不慎也！”教师用自己的举手投足所立起来的榜样，是精神熔炉，是师德修养最重要的一环，是教师教育情怀最真挚的表现。它必将感染和滋养着学生的精神和灵魂。

第二节 修炼为师的大情怀

修炼看教育的目光

做最棒的教师，是“行”出来的。脚下有路，心中却需要有方向。因此，修炼看教育的目光，是自己从教的基石。把准教育的内涵，做教育才有底气。

看到过一个故事，叫《自己的村庄在哪里》。

有一个小山村，十分闭塞，这里的人，世世代代都没有走出过这个小山村。

一日，一位旅人来到这里。旅人问村民：“你们知道你们的村庄在哪里吗？”

村民们笑了，心想，自己的祖祖辈辈都住在这里，怎么不知道自己的村庄在哪里呢？

“你们说你们知道，那就说说到底在哪里呢？”旅人问。可轮到大家说时，都说不上来。

旅人带着村里的一个年轻人跟他一起去行走四方。年轻人跟旅人走遍了千山万水，一次坐下来休息时，旅人问年轻人：“现在，你知道你们的村庄在哪里了吗？”“走出来之后，我才清楚地知道了自己的村庄的具体方位。”年轻人说。

目光还是那目光，但因为位置不一样了，能看到的结果就不一样了。

事实上，看教育又未尝不是如此。

今天的教育，仿佛谁都可以评头论足一番，而且仿佛教育已经一无是处。教育是否真的已经无可救药了？非也。“横看成岭侧成峰，远近高低各不同。”怎么看教育，以什么方式看教育，就会得到什么样的结果。站在最上面看，处于最低处看，站在前后左右把教育围起来看，可能看到的都有差别。但无论怎么看，如果缺乏教育的目光，那看到的就不是真正的教育。要真正能看懂教育，看明白教育，就必须用教育的目光看教育。

非教育目光看教育，看到的是分数，而不是分数背后的人；是教育的局部而非整体；是教育中偶然的过错而非教育的优点；是教育中的事而非教育中的人……有人认为：“每个教育者，当你眼里只有钱的时候，看不到教育；当你眼里只有教育的时候，看不到学生；当你眼里有学生的时候，什么都会有。”这才是用教育的目光在看教育，这样才能看到教育中的“人”，看到“人”的成长而非毫无生气的数字。

用教育的目光看教育，看到的是教育的星空。曾经以为，只要埋头苦干，那成绩自然令世人刮目相看。然而，长期的埋头拉车不看路，却让自己和自己的教育摔了不少跟头。当跌得鼻青脸肿后，抬头一看，不但方向错了，连教育的星空也变了。不时仰望教育星空，是一种行动，更是一种信念。有了这样的信念，我们才能真正在理想和现实之间不断地奔跑和攀登，去实实在在地探索教育的奇迹，攀登教育的高度。曾经以为，教孩子读书识字、会做几道数学题就是教育。当用教育的目光看教育时，才发现，教育还需要不断地培养学生的道德、责任、良善、价值观和生命观，必须不断引导学生正确地去看待世界、对待人生，并能正确地处理生活中的一些事情。要知道，我们的教育不引导学生正确认识人生、生命、社会，不全面关注学生的生命、生活、生涯、生长，那么，我们便始终只能与应试为伍，与分数纠缠不清，我们所培养出来的学生只能是有着“两只脚”的书橱，是整齐划一的“赝品”。

教育的成败，首先取决于教师而非所谓的物质载体。教育者必须改变自己的思想，而后才可能以自己的优质服务去改变教育，因为教育的目的是给予学生思想，教会学生学习与生存的方法。没有这样的“看见”，我们的作用就只能沦落为让学生进行简单的重复训练，而忽略了对创造性的培养。同样，教育素养的提高，对学生的教育才会循道，才会根据每个学生的特点和实际情况进行教育，才会顺性而为。我们唯有像李镇西、张万祥等老师一样，把优秀当作习惯，“保持淡定的心态，就能带着一颗平常心和学生一起进行心灵的舞蹈，和学生一起放飞教育之梦，和学生一起享受学习和教育带来的快乐”！

用教育的目光看教育，才更能关注学生——我们的教育主体。我们教育的目的，是把每一个学生引向人生幸福的大草原，把每一个学生引向道德的高峰。即使达不到高峰，也应仰望道德的高峰。苏霍姆林斯基说：“培养全面发展的人的技巧和艺术在于：教师要善于在每一个学生面前，甚至是最平庸的、在智力发展上最有困难的学生面前，都向他打开他的精神发展的领域，使他能在这个领域里达到顶点，显示自己，宣告大写的‘我’的存在，从人的自尊感的泉源中吸取力量，感到自己并不低人一等，而是一个精神丰富的人。”没有教育的目光，永远看不到学生的差异、学生的特殊秉性，看不到学生的灵魂，自然也就无法感召学生的灵魂，无法把道德教育融入学生的血液中。

看清教育，我们才能看清每一个学生，哪怕他是上智或是下愚，是大勇或是无勇，是刚强或是懦弱，他都是一个发展的个体，是可造之材。

有了这样的眼光，我们才能发现，每个学生都可以通过合适的教育让他真正成为一个人，一个大写的能立于世界的人。我们的教育如果不能让学生的“精神胚胎”不断地发育，不循着他们“精神胚胎”的各自特性去给予应有的土壤和合理的教育营养，那么，我们的教育就会变味，而严重忽视对他们的智力、品行、生命等方面的教育。所以，我们在教育过程中，当学生与我们的“教育”相悖时，便实施惩罚。而今天不少的教育惩罚又都变了味，变成了教师的泄愤，学生稀里糊涂地被惩罚。我们唯有充满人性地引导学生，激励他们，让他们学会不断提升自己，能在离开学校后依然保持学习的势头，依然能从社会中、从周围的环境中去吸收对自己生命成长有益的“营养”，不断为自己增添“石头”，让自己幸福生命的金字塔不断增高，从而让自己巍然屹立。

用教育的目光看教育，实是让自己通过有智慧的教育实践，拥有教育的望远镜、显微镜、放大镜、透视镜，真正看清教育的规律，并融入自己的教育智慧，尊重和遵循教育之道，让教育为每一个孩子奏响生命的凯歌。

经典活水润师德

最棒的教师，必备高尚的师德修养。可以说，师德修养是为师永恒的话题。师德修养的途径和方式很多：向他人学习；参加培训；向书本学习；实践历练等。在众多经典著作中，更有润泽我们师德的源头活水。

1988年1月，全球诺贝尔奖学金获得者在法国巴黎举行会议后发表宣言，其中说道：“如果人类要在21世纪生存下去，必须回到2500年前，去吸收孔子的智慧！”也有语云：“半部《论语》治天下。”从这句话不难看出《论语》思想的深邃、理论的博大。同样，其中蕴含的理念以及孔子的一言一行都对我们加强师德修养具有重大的意义，具有很强的借鉴性。

一、师德修养贵在立志

《论语·子罕》中云：“三军可夺帅也，匹夫不可夺志也。”可见，志向对于人的重要性。同样的，身为教师，如果没有献身教育的宏伟志向和远大理想，那么，教师与普通人便没有什么两样。

教师既然投身教育，既已为师，那么，我们就应该心向教育、心系教育、身谋教育、胸怀教育，就必须时时以教育为重、以学生为重。不管眼前的困难多么大，也不管眼前的阻力如何使人难以前进，都不能退缩，都要对教育充满信心，坚信教育必然能培养出一批批服务天下、践行天下、敢为天下先的人才，坚信教育必然能促进社会的发展和进步。也只有这样，才能一如既往地奉献教育。

“吾十有五而志于学，三十而立，四十而不惑，五十而知天命，六十而耳顺，七十而从心所欲不逾矩。”（《论语·为政》）这里道出了孔子学习和修养的过程。同样，教师的师德修养也不是一朝一夕的事，需要不断地进取、不断地涵养，由外到内、由内到外，不断地进行自我锤炼，把志向与思想、与言行紧密结合起来，具备慎独的思想，进而把修养变成自觉的行为。只有这样，才能真正使自己的修养得以提高。

二、师德修养贵在进取

《论语·述而》里说：“我非生而知之者，好古敏以求之者也。”《论语·公冶长》里也提道：“十室之邑，必有忠信如丘者焉，不如丘之好学也。”这里强调了学习的重要性。钟启泉教授在接受记者采访时指出：“教师不学习、不研究、不合作已成为较突出的问题。”的确，社会的不断发展与进步，需要教师不断学习、终身学习。教师要尽到自己的教育责任，就必须掌握广博的知识，才能适应今日之教育。“加我数年，五十以学《易》，可以无大过矣。”（《论语·述而》）这真是“发愤忘食，乐以忘忧，不知老之将至”。（《论语·述而》）孔子注重终身学习，注重随时学习。我们身为感召人类灵魂的教师更应该如此啊！

《孟子·公孙丑上》载：“昔者子贡问于孔子曰：‘夫子圣矣乎？’孔子曰：‘圣则吾不能，我学不厌，而教不倦也。’”孔子堪称“学而不厌、诲人不倦”的典范。2010 年出台的《教师教育标准》指出：教师应以“儿童为本”“实践取向”“终身学习”为教育原则。这其中的根基就在于教师的“终身学习”。苏霍姆林斯基说：“教育首先是关心备至地、深思熟虑地、小心翼翼地触及年轻的心灵，要掌握这一门艺术，就必须多读书、多思考。”这些无不向我们道明教师学习的重要性。“终身学习”的人，那必定是唤醒了自己的专业自尊和成长自觉的人。对于这样的老师来说，学习便如吃饭睡觉一样成为人生不可少的行为，成为一种常态。学习一旦成为常态，“成长”才会成为常态。我们也唯有“终身学习”，才能让自己成为“源头活水”，成为一个有“力”的教师——有强大的对课程理念的“执行力”。唯有如此，教师也才能在自身素质的提高中落实“儿童为本”“实践取向”这两项指标，把“教育即生长”变成活生生的现实，进而成就教育、成就学生。

三、师德修养重言传身教

《论语·子路》：“其身正，不令而行；其身不正，虽令不从。”“苟正其身矣，于从政乎何有？不能正其身，如正人何？”不难看出，孔子对学生的教育，不仅有言教，更注重身教。他通过严以责己、以身作则来感化学生。同样地，在日常的教育中，我们以身示范，能对学生产生潜移默化的作用。

有语云：榜样的力量是无穷的。的确，在对学生的教育中，我们教师如果有着高尚的人格魅力，就一定能对学生起着潜移默化的影响。“喊破嗓子，不如做出个样子。”教师做出样子，学生才有“样子”可学，才能以“样子”作为自己行动的“参照物”，“样子”才会以“润物细无声”的姿态深深置入学生的心中，成为他们心里的“规”和“矩”。

现在，有些教师似乎都只善于说教。作为教师，如何让教育潜移默化，“润物无声”？那就是把自己变成“榜样”，因为“身教重于言教”。而迈开自己的腿，虽然是极其简单的动作，却能铸就“榜样”。你在学生心中的形象会陡然高大起来，而且也会于无形中影响他们、引领他们，这是单纯的说教所无法比拟的。

四、师德修养重在仁爱

孔子说:“仁者爱人……智者知人。”(《论语·颜渊》)孔子关心学生品德、学业的增进以及学生们的生活与健康状况,他和学生有深厚的情谊。他看到他的学生闵子骞、子路、冉有、子贡的表现,感到由衷的高兴;原宪家贫,他常接济;冉伯牛有病,他去看望,并十分伤感;颜渊、子路死了,他非常悲痛。他说:“爱之,能勿劳乎?忠焉,能勿诲乎?”(《论语·宪问》)不溺爱、不袒护,这才是教师对学生真正的爱呀。同样,身为教师,必须以“爱”为教育的出发点,以“爱”滋养学生成长的路途,让学生在“爱”的阳光下、在“爱”的雨露下和谐而健康地成长。“爱”是学生成长的养料,是学生成长的动力。

“教育的奥秘就是教师热爱学生。”(苏霍姆林斯基)爱心,是教师成就自己事业的推动力。对学生奉献爱心是教师的天职,体现着教师对教育事业的忠诚。对学生爱的基本体现是期望他们成才,也因此对他们倾注全部的爱,从学习、生活、身体、心理全方位关照,保障他们健康成长。教师对学生充满爱,又会激起学生对老师的崇敬,提高教师的威信。

充满爱心的教师,他对好与差的学生的评价都是积极向上、富有号召力的。“亲其师,信其道。”哪个老师爱他们,他们就乐于接受他的教诲,喜欢听他讲课,喜欢老师所晓之理。

教师是教育最重要的人力资源,加强教师的师德修养,是成就教育大计的根本。而用《论语》之精髓武装我们的头脑,就能净化我们的师德,进而影响我们的教育人生,让我们成为最棒的教师。

修炼教育家的梦想

最棒的教师是有梦想的人。或许,我们的梦想很多,但从成长自己、发展学生,进而发展教育的角度来说,做“教育家”无疑是最大的梦想。成为教育家,也肯定是最棒的教师。

“为什么我们的学校总是培养不出杰出人才?”这就是著名的“钱学

森之问”。杰出人才的培养，需要有切合他们成长的土壤、适宜的温度和充足的水分所构建的教育生态。而这些条件的达成，离不开教育家办学。当下，我们最缺失的恰恰就是教育家。

历史上，从孔子的“有教无类”“因材施教”，到陶行知的“千教万教教人求真，千学万学学做真人”“捧着一颗心来，不带半根草去”，再到蔡元培的“思想自由，兼容并包”等，教育家办学使教育呈现出一派欣欣向荣的景象。可以说,教育的发展离不开教育家为之奉献智慧与努力。

要办好学校，就要有好的教师队伍，有出色的教育家。中国需要建设一支规模宏大、素质优良的教师队伍，造就一批教育家。“教育家办学”的提出，不仅是对教育的一种期盼，更是当下乃至今后中国教育的发展目标。

拿破仑说：“不想当将军的士兵不是好士兵。”虽然成为教育家对于绝大多数教育工作者似乎是不可能的事，但是，如果每个教育者都没有成为教育家的追求和梦想，那我们的教育就没有希望了。如果每个教育者在工作中都亦步亦趋，不走自己的教育路，那么，我们的教育就永远只能在达成素质教育的路上戴着“镣铐”跳舞，永远也只能在“素质教育轰轰烈烈、应试教育扎扎实实”的死水里搅和。

或许，不少人都在为找到这样一条路发愁。或许，成为教育家，其目标如雾里看花，以至于总安于现状。我们置身教育天地，面对日复一日的教育工作，甚至面对让我们费心费力的学生，我们是否冷却了当初的激情。面对我们心灵深处的教育良知，我们是否在寻找一条新的路——那条通往教育家的路。是的，教育家的梦想高远，但现实的路却并不是那么难以企及，它就在脚下，就在每一天的工作中，就在我们每一天的思考中。

的确，教育教学工作不是力气活，仅凭埋头苦干，是不可能登上教育家的顶峰的。教育家雅斯贝尔斯说过：“教育意味着一棵树摇动另一棵树，一朵云推动另一朵云，一个灵魂唤醒另一个灵魂。”教育不是传递和转移，而是以智慧去启迪智慧、用灵魂去撞击灵魂、用生命去发展生命。

只有以敏锐的眼光去捕捉教育教学中的现象，充满智慧地去思考，我们才能于平淡的教育中发现教育的真谛，让教育永远春意盎然，从而走一条不同寻常的教育家之路。弗里德里希·恩格斯说：“世界上最美丽的花朵是什么？思维着的精神。”其实，教育家最可贵的也是思维着的精神，还有创造性的实践活动。

古人就强调,人要有“精气神”。教育及教育者又何尝不是这样。那么,教育者的精气神在哪里？肯定地说，在教育行为的智慧里。而其根又在哪里？自然是在思考里。教育的形势、情势、对象等每天都在发生着变化,如果我们始终怀揣着那张教育的旧船票，就难以登上今天变化着的教育大船。

智慧地思考，犹如走进教育的敲门砖。没有思考，教育的眼睛就会暗淡无光，教育的行程就会十分单调，教育的天地就会满是冰凉。因为没有思考，我们的教育永远只能是重复着老调，永远只能走着老路。唯有思考，我们才能时时以崭新的姿态置身于教育行列中，让教育永远保持鲜活。不断地思考，才是我们成长的应然姿态。今天的教师大多处于一种懈怠、被动的状态，我们也才在这种被动中与教育形同陌路。唯此,走在成为教育家的路上，我们应该有主动精神，主动去思考、主动去实践,完全从“他律”变为“自律”、从“他觉”变为“自觉”。

教育需要激情，也需要梦想。然而，我们在劳力劳心中，在与冰冷的分数、在与死气沉沉的应试教育的博弈中已渐渐变得懈怠了。所以,我们应该“仰望教育的星空”，让成为教育家的梦想扎根于我们的教育圣地。因为有了梦想，才会有为梦想的实现而进行的实践，才会去付出艰辛的劳动。那样，即使我们最终没能成为教育家，但我们在通往成为教育家的路上焕发的激情，使我们在教育天地里走得更坚实，走得更远。

教师有时埋怨学生，在某些方面表现不够理想。我们是否考虑一下自己的教育方法出了问题，是否自己某些方面做得不够好。很显然，教师不改变自己，就很难改变学生，甚至改变教育。当我们带着思考走进教育时，我们会发现，教育的天空因学生的差异而明净，而变化无穷。

这样，在面对“没有教不好的学生”这个说法时，教师才不会持怀疑态度。因为通过思考我们会发现是教师没有找到教育好他们的方法。没有适合他们的教育方法，我们才在教育中忽视、轻视、不信任他们。面对学生中出现的问题，主观臆断，结果自然是失去了教育好他们的良方和良机。每个学生都是可以教育好的，我们要做的就是多走进学生的内心去了解他们，去思考教育好各具个性的学生的教育方法，随时间及情势的变化而立即改变自己的思维方式、行走路线。这样，我们从最基本的方面做起，就能以最实在的状态投入对他们的教育。当教育入情、入理、入味时，教育的成功就近在咫尺了。

我们时常在说,教育就是施爱。是的,离开了爱,教育之源便干涸了。教育家夏丏尊说:“教育上的水是什么？就是情，就是爱。教育没有了爱，就成了无水之池。任你四方也罢，圆形也罢，总逃不了一个空虚。”爱学生是教育者的天职。但是，如何爱学生？这也是值得深思的。因为哪种孩子需要爱、需要怎样的爱、何时施与爱、施与多少爱、以什么方式去施爱等，都是需要深究的。否则，爱得不适当，我们反而会伤害学生。像教育家一样去爱学生，就能做到智慧施爱，从而成就学生的一生。

成为教育家是教育者永恒的追求。像教育家一样用自己的心灵去感受学生，用自己的情感去做教育，用自己的生命去为教育讴歌和舞蹈，才能真正像教育家一样成长。

虽然我们最终没能成为教育家，但只要像教育家一样一如既往地去思考教育，去探索教育，去实践教育，去仰望星空，并脚踏实地地前行，我们同样能获取丰硕的教育果实。

第二章　精准扶智显爱心

1. 教育，就是爱的付出。有爱心，是最棒教师最基本的历练。父母有爱成就孩子，教师有爱成就学生。爱心，就是学生成长的正能量。

2. 成为最棒的教师，一直在路上。对自己的工作有高度的认同感，一路走来，难行能行，难为能为，不忘初心，不断跨越教育的高度，修炼扶智的素养。

3. 每个学生都是实实在在的个体，他们的背景、成长环境、个人经历都是不同的，自然也会存在这样那样的问题。如果教师对学生没有爱心，不播撒爱心，可能在我们的漠视中学生会失去积极的人生。这也绝不是教师的修为。

第一节　职业认同炼扶智修为

搞好与自己的关系强修为

走进教育职场，为师便是我们一生的事业。而如何成就自己，进而成就学生，是我们每时每刻都必须思考的问题。这其中，只有处理好方方面面的关系，才能为我们的成长助力。这也是成为最棒的教师的要求之一。

走在专业成长的路途中，我们有太多的事情要做，也有太多的关系需要处理。比如，处理好与家长的关系、与学生的关系、与同伴的关系、与领导的关系，但我们却不能忘了处理好与自己的关系。或许，不少人认为，天天与自己打交道，还用怎么处理，简直是多此一举。其实，在教师的专业成长需要处理的众多关系中，搞好与自己的关系才是最重要的。如果这一层关系没搞好，专业成长往往会举步维艰，或者是中途搁浅。

一、搞好和自己的关系，首先必须保证自己的身体处于健康状态

有人说："身体是我的另一个兄弟。"足见身体与自己的关系之密切，也有人说："你有一万种功能，你可以征服世界，甚至改变人种，但若没有健康，只能是空谈。"现代的教师往往不注意自己的身体，使身体处于亚健康状态。长此以往，身体就渐渐变得不健康了。如此，又怎能走好专业成长之路呢?

身体是专业成长最重要的物质保障。

斯宾诺莎说："保持健康是做人的责任。"人，最不可忘却的责任便是使身体尽可能地健康。保持健康的身体，就在于每天无论多忙，都必须抽出时间进行锻炼。锻炼身体，不仅使身体强壮，更能释放压力，还能调整好心理状态。同时，保持健康的生活习惯，如不酗酒、不熬夜、不吸烟……身体健康，精力充沛，发展自己的专业才有坚实的物质基础。

二、搞好和自己的关系，在于拥有良好的心态

良好的心态是专业成长的助力剂。在教育教学工作中，总有一些事情让教师有压力。比如，学生的学习成绩总不理想，学校又给教师提要求。如果处理不好这种关系，可能会心生阴霾。有人说："心态好的人像太阳，照到哪里哪里亮。心态不好的人像月亮，初一十五不一样。"心态良好，往往能使我们心情舒畅，促使身体健康，能坦然面对一切，更能正视一切困难和挫折。如此下去，原来的一切不快都可能会烟消云散。

"宠辱不惊，看庭前花开花落；去留无意，望天上云卷云舒。"保持良好的心态，也应该这样。面对教育教学中遇到的不顺事，也应淡然。孩子们的习惯不好，成绩上不去，应静下心来，用心去思考解决的办法，而不是终日烦恼。或者从另一个角度去看待这些问题，去发现其中的教育契机，

去发现其背后能带给我们的惊喜。同时，当烦恼袭来的时候，转移自己的注意力，把精力投身于其他活动中，如唱歌、跳舞、读书、反思、写作等。这样一来，既让自己享受到了快乐，还在做这些事情中提高了自身的素质，使精神受到熏陶。此后，我们再看那些烦心事，就不算什么了。

三、搞好和自己的关系，还需充满自信

每个教师在成长的过程中都会遭遇对手，这本是好事。因为有对手，才会有进取的参照，才会因此产生动力。如果因为有对手而产生自卑感，那成长将失去信心。有位作家说："没有自信，就没有成功。"他还说："自信，使不可能成为可能，使可能成为现实；不自信，使可能成为不可能，使不可能变成毫无希望。"让自己充满自信，即是给自己以信心，信心往往会产生巨大的力量。这力量不是外部给予的，而是由内而外的。这力量能让自己抬起头走路，有尊严地站立于教育天地之间。徐特立说："任何人都应该有自尊心、自信心、独立性，不然就是奴才。但自尊不是轻视人，自信不是自满，独立不是孤独。"有自信的教师能在他人与自我之间建立一个独立的"场"，这个"场"既是自我成长的空间，又是个人特立独行的轨道。这个"场"会大大增加自己成长的厚度。"有自信的人，可以化渺小为伟大，化平庸为神奇。"（肖伯纳语）自信心会让个人的潜力得以挖掘，并有助于成功。

同时，在成长过程中，我们总会遇到失败，但我们不能因为失败而看轻自己。有人说："无论发生什么事情，我们永远都不会失去价值。无论身处何种境遇，我们都是无价之宝。一个人生命的价值不在于其做了什么，也不在于仰仗其结交了哪些人物，而是永远取决于我们自身！所以，永远别轻视自己！"的确，失败或打击可能会击倒我们，但绝不会削弱我们的价值。充满自信、重视自己，我们才能真正走向"柳暗花明"之境。

"自信人生二百年，会当水击三千里。"教师充满自信，才会把对教育的热爱真切地融汇在一起，在陷入"欲渡黄河冰塞川，将登太行雪满山"的境地时依然能"直挂云帆济沧海"。

修炼扶智之功

做最棒的教师，既是成长，也是修炼。认同自己的职业，不是停留在口头上，而是积极投入教育实践。一句句经典的名言，一个个小故事，都会给我们启示，激励我们投入实践中，去修炼师德。

最近看到了这样一则故事：

铅笔即将被装箱运走，制造者很不放心，把它带到一旁，并对它说："在进入这个世界之前，我有话要告诉你，如果你能记住这些话，就会成为最好的铅笔。第一，你将来能做很多大事，但是有一个前提，就是你不能盲目自由，你要允许自己被一只手握住。第二，你可能经常会感受到刀削般的疼痛，但是这些痛苦都是必需的，它会使你成为一支更好的铅笔。第三，不要过于固执，要承认你所犯的任何错误，并且勇于改正它。第四，不管穿上什么样的外衣，你都要清楚一点，你最重要的部分总是在里面。第五，在你走过的任何地方，都必须留下不可磨灭的痕迹，不管是什么状态，你都必须写下去。要记住，生活永远不会毫无意义。"

（《铅笔的故事》）

的确，一支铅笔要发挥作用就必须做到：自由有度；经受磨难；勇于改正错误；有丰富的内涵。因为只有这样，才能留下属于自己的"痕迹"。其实，成为最棒的教师又何尝不应该如此。

今天，我们被花花绿绿的物质世界所诱惑，虽身在教育天地里，却这山望着那山高。因此，工作总是得过且过。既然我们已成为教师，那就应该静下心来守望教育，实实在在地做一支坚守教育圣地的铅笔。虽然做一支真正的教育铅笔很难，但"事在人为"，只要用心去做，有意地去执行，一切都是有可能的。

一、自由有度

人，只有成为自由的人，才能感受到幸福。我们都渴望自由地发展。其实，自由和不自由之间只隔着一层纸，如果捅破这层纸，我们就可能由自由变得不自由了。这层纸就相当于“度”。

教育需要自由，唯有自由的教育，才能培养出自由的人。而培养自由的人，教师首先必须成为自由的人。成为自由的教师，却不是盲目地追求所谓的“自由”。就像铅笔一样，如果一味地要自由，就可能被废弃。“只有被人握着，才能发挥自己的功用。”我们在学校，必须在有“度”的范围内去享受“自由”。

比如，赏识学生，让学生获得心灵上的自由、快乐地成长，应适度；惩戒学生，让学生对自己的过错负责，应以不失学生的尊严和不伤害学生的身心为度；我们改革课堂教学方式，创新教学手段，其目的是使学生享受自由学习的快乐，应以学生自主地学习和发展为度。

二、不惧风雨

“几度风雨几度春秋，风霜雪雨搏激流。”（《少年壮志不言愁》）人生不可能一帆风顺，教育实践亦如此。困难是难免的，挫折也是常有的。而我们要做的，不是躲避它，而是直面它，在“风霜雪雨”里“搏激流”。直面它不是莽撞地与之撞击，而是去看清它、化解它，力争战胜它。

不惧教育中的风雨，还在于不惧怕困难，不要让自己裹足不前，而是在困难与挫折中不断锤炼自己，进而唤醒自己内在的灵魂，成就教育、成就自己。

秋天播种的麦子，要经受霜欺雪压，以及风雨的侵袭，然后才能在来年的初夏时节收获饱满的籽实。如果避开了所有的考验，麦子就变得脆弱，最终只能收获空瘪的麦穗。“不经历风雨，怎么见彩虹。”未经风浪，怎能乘风破浪？就像铅笔，必须一次次地经历刀削的苦痛，才能成为更好的铅笔，去书写辉煌。每个人的一生注定要经历许多考验，而每一次考验不但会让我们增长一些见识，而且更会把自己人生的“根”扎得更深一些。经受一次次考验，会让我们的身体变得如铜墙铁壁一般，即使再大的“风浪”袭来，依旧能承受得住。我们每个教师也应该这样啊！

三、有错必纠

“甘瓜苦蒂,天下物无全美。”世上的任何事物,都不是完美的。古人说:“人非圣贤,孰能无过。”教育者在教育教学过程中,犯错是难免的。

犯错不要紧,重要的是要总结原因,及时改正。毛主席说:“允许一个人犯错误,也要允许一个人改正错误。”当我们犯了这样那样的错误时,不能在错误中固执地坚持,而应在改正中毅然前行。

英国作家歌德·史密斯说:“我们最大的光荣并不在于永不跌倒,而在于每次跌倒后都能爬起来。”我们有了错误,及时改正,一样能有所收获。错误就像一个泥潭,如果一味地掩饰,那么这个泥潭就会越变越大、越来越深,最终让自己陷进去不能自拔。就像铅笔一样,勇于擦去错误的,才能在此基础上写上正确的字。在错误的基础上做事,只能加重错误的程度。

英国作家乔纳森说:“一个人永远都无需为承认自己的过错而感到羞耻,因为这就是说,今天的他比昨天更聪明。”其实,修正错误的过程也是一个学习的过程。学习如何以此为鉴,变被动为主动,进而学习到有利于提高自身的东西。如果你教学中出现了知识性的错误,你不要怕丢面子,必须立即纠正。同样,在纠正的过程中,真知才会在你脑中留下烙印,今后也才不会犯类似的错误。

“千里之堤,溃于蚁穴。”不管错误的大小,都要及时改正,让自己不偏离教育的大道。

四、丰富内涵

教育不需要“金玉其外,败絮其中”。任何花哨的外在形式都经不起历史的检验,都会在时代的大浪淘沙中消失殆尽。唯有内在的东西才是永恒的,经得起历史的风吹雨打。

教育直面每一个鲜活的生命。而生命之所以有活力,则在于内在气血的畅通、器官的健康。因此,教育就应该用丰富的内涵去疏通学生成长大厦中的经络,用教育的真、本、善去通其思想,通其灵魂本心。教育不能披着羊皮,而实质却是“狼”。一切教育只能从心底里长出来,才能给学生以最真切的教育。

教师腹中有什么，才能表现出什么。有什么样的教育理念，就有什么样的教育行为。教师教育实践的品质来源于其存在的品质、生命的品质，课堂的高度就是教师精神的高度。若教育者的内涵不丰富，就永远只有苍白的狮吼。我们应时时以关注生命的状态投入教育实践，让教育走入自己的内心、触动自己的灵魂。通过真切的实践提高自己生命的高度，进行“自我的认识和自身的完整”，“过一种内心完整与和谐的生活”，然后再敞开我们教育的胸怀，才能真正达成“一棵树摇动另一棵树，一朵云推动另一朵云，一个灵魂唤醒另一个灵魂”的目标。

踏踏实实地做一支教育天地里的铅笔，用自己对教育的忠诚、对生命的尊重和关爱，留下自己生命里最美的痕迹，成为最棒的教师。

永葆初心，提升扶智力

苏轼说：“守其初心，始终不变。”做最棒的教师，“永葆初心”是最根本的品质。对教育、对学生、对自己的成长，守住初心，有“人生若只如初见”的美好，自然就不会放弃成长，也自然在教育圣地里永远激情四溢，提升自己教育学生的能力和素养。

社会对教育的期望值很高，导致压力增大，使一些教师不堪重负，以至于变得懈怠了，这是最普遍的问题。当然，这其中还有个人的一些因素，比如缺乏继续学习和教学研究，感觉工作越来越吃力，索性就得过且过了。还如，有少数教师完成了个人职称评定，没有了工作的动力。

面对此种情况，与其说是激情衰退，不如说是心态已老。很大程度上，我们认为自己经验“丰富”，可以随随便便地对付一节课，不必再去认真地备课，也不必再那么踏踏实实地去开展阅读、反思和研究，甚至去参加一些培训，或是积极地准备一节公开课。于是，当自己无法追赶上新时代的脚步时，就索性完全停止了前行的脚步。

面对今天新教师的那份激情，不要以“过来者”自居。不要在面对“夕阳无限好”时叹惜“只是近黄昏”，要有“老当益壮”的精神和状态，尤其要有“实习生的心态”。

新教师在教育实习期间，可以说有使不完的劲。那时的我们对工作充满了激情和好奇，按时上下班，有时甚至还早到校、晚离校，总是自信满满地完成自己的教育教学工作,而且态度永远是谦恭的。初走上讲台，我们卖力地工作着，那劲头儿可以说现在想起来都不可思议，但我们中却有些人没有将其保持下去。

不管我们现在处于何种状态，只要再次拥有“实习生的心态”，我们一样能充满激情地投入到教育教学工作的每一天，我们一样能找回曾经的“自我”。或许几年或十几年的教育生涯中，我们有过太多的失败，以至于自己无法抬起头来。但当我们再次整理行装,重新出发的时候会发现，我们依旧可以做得和原来一样好。不要自卑，不要小看自己，哪怕自己是普通的一名基层教师，只要我们敢于冲过那条守旧的“河界”，我们一样可以当“车”如“炮”。事实上，我们缺少的不是智慧，而是守望教育的“勇气”。在今天这个浮躁的社会里，要有“独立天地间，清风洒兰雪”的从容淡定,还要敢于去体验“欲渡黄河冰塞川,将登太行雪满山”之绝境，激励自己，于苦寒中磨砺，我们才能最终感受到教育圣地“曲径通幽处，禅房花木深”的静谧妙境，享受“凌寒独自开”的教育暗香。

拥有“实习生的心态”，还在于放下架子，把自己的位置选在零点，有从头开始的勇气。曾有人描述过读书人的心态——“初学三年，天下无敌；再学三年，寸步难行。”其实，我们也应该这样啊。学无止境，教无穷尽，永远把自己当作一个教育天地里的小学生，摒弃“天下无敌”的心态，才能激活自身的潜力，永远保持旺盛的斗志。

拥有“实习生的心态”，还在于要时时有危机意识。很显然，处于实习期或见习期，总担心自己不能进入这个行业或不能转正，因此才会不断地进取。关于狼的故事是我们最熟知的：能生存八九年的老狼，都经历了太多的生存与死亡的战斗，有很多次它们都是用自己的勇猛把自己从死亡边缘拉了回来。恶劣的生存环境，使狼群必须时刻都保持高度的警惕性，因为危险时刻都围绕在它们身边。只要稍微放松，就有可能被猎人打死或者被其他食肉动物吃掉。教师也莫不如此。“生于忧患，死于安乐！”只要有这样的心态和意识，我们是无论如何也不会懈怠的。

相信只要拥有“实习生的心态”，初心永存，并时时关注教育的天空，“静下心来教书，潜下心来育人”，我们一定能雄风再现，开足马力，在教育的长河里扬帆远航，朝着最棒教师的目标毅然前行。

第二节　爱心铸就成长路

持续关注，“爱哭”遁形

最棒的教师是有爱心的老师。“没有爱，就没有教育。”每一个学生都值得我们去关注，去爱，不管他处于什么境地。但每一个学生的情况不同，我们关注的“度”就应有别，用智慧去爱。

新学期开学，班上转来一个女学生，叫小兰。

第一周，时不时有人来办公室通报，小兰哭了。有人来报，我总要过问一下。我粗略统计了一下，导致她哭的原因还真不少。比如，被某同学撞了一下；某同学不小心把她的书弄到地上了；发作业本的同学乱丢作业本，将她的作业本“飞”出去了；中午做作业时，因为同桌的胳膊肘过界了，让她把字写错了……应该说，这都是一些小事，而这样的事总会不断发生。而且这样的事，其他女生也遇到过，除非撞得很疼的会哭以外，倒没看见哪个女生因此而哭鼻子的。再说，这些事是不可避免的，一个教室几十名同学，难免会磕磕绊绊。这位女生如此表现，对其他同学也会造成不好的影响。针对这样的事，我在班上强调过多次，要求大家随时都注意一下。可是，人多，加上都是活蹦乱跳的小孩子，这样的事是不可避免的。

私下里，我也和小兰交流过，感觉她也不是那种内向的女孩，而且绝大多数时候在课堂上回答问题也比较积极，作业完成质量也很高，怎么一遇到这样的事就哭了呢？我百思不得其解。为了弄清情况，我和她妈妈进行了一些交流。从她妈妈口中得知，小兰一直是爷爷奶奶在带，现在要升初中了，才把她转到城里来。爷爷奶奶带的时候，十分宠爱她。小兰打小就受不得半点儿委屈。眼看读完这一年就要上初中了，如此下去，她的人际交往能力真让人担忧。

思来想去，我决定和她来个面对面的交流。在交流中，我提到了她爷爷奶奶，并说："现在他们不在你身边，你要独立，不能动不动就哭。"我不期望这一次交流能有明显效果。我和她妈妈通了电话，要求在家里不能再像原来爷爷奶奶那样迁就她。

有一天，小兰中午就被她妈妈接走了，说要回趟老家。下午，我利用班会课的时间在班上讲了关于小兰的情况，要求大家随时注意，尽量避免与其发生正面冲突。并提醒大家遇到事情冷静对待，尤其是女生，不能哭，要找合理的方式解决问题。之后，我让中队长策划了关于勇于克服困难的主题班队活动不知效果如何。我打电话问了小兰妈妈，得到的回复是，在家里也没遇到什么事，该做作业做作业，该读书就读书，自然也就没有令她哭的事。

经过一番思考后，我决定换一种方式。当再次有人反映小兰哭了时，只要还是那些小事，我也采取不理不睬的方式来应对。同学中没有哭的，她没有支持者，加之我不理睬，她的哭没人放在心里，我想，她应该会有所收敛的。这样做之后，我站在教室外的窗子边偷偷地观察过几次，发现她哭的次数明显减少了，而且同学们在她哭了之后，也都远离她，假装没看见。看来我的对策起作用了。

我暗中观察，在小兰没有哭泣的时候，她的周围聚集了不少的好朋友。我想，她其实已经融入了我们这个集体。我也相信，她周围的这些好朋友一定能给她以积极的影响。所以，我曾暗暗地对她那些好朋友说："多给小兰鼓励，让她不再因为遇到一些小麻烦而掉眼泪。"我是想通过多种方式来影响她，让她彻底调整好心态，从容应对日常小状况。

一天下午放学后，该小兰那一组做扫除。当时，小兰正弯着腰在扫地，一个男生抱着篮球突然跑了进来，可能是跑得太快的缘故，到了小兰身边时没能立即停下来，差点把小兰撞倒了。正抱着当天的课堂作业准备回办公室的我看到了这一幕。不用说，小兰立即丢下扫把，捂着脸哭了起来。那男生连忙向小兰说"对不起""请原谅"之类的话。我让小兰到办公室等我，然后提醒男生以后进教室时不能跑，放慢脚步。在回办公室的路上，我的思维处于急速运转状态，因为我估计这个时候办公室的老师已经走得差不多了，加上又没其他同学的干扰，是教育她的好时机。前几个月，虽然也和她进行过好几次交流，但都收效甚微。这一次，我决定换一种交流方式和内容。来到了我的办公室，小兰还在哭，只不过是很轻很轻的了。我拉过一把椅子，让她坐下。“刚才撞疼你了吗？”她摇了摇头。“既然没有撞疼，你怎么就哭了呢？”“他不该撞我！”她抹了抹眼泪，小声地说。“是的，他不该撞你！但他不是故意的，他看到你时，想停却停不下来了，我刚才看他已经尽力了。要不然，不但会撞疼你，还会撞倒你，你说是不是？”她点了点头。我递过一张纸巾，让她把眼泪擦干。然后，我又说：“其实，绝大多数时候，你都用不着掉眼泪，真的！你快满 12 岁了吧！要知道，经常掉眼泪是软弱的表现，你愿意做个软弱的孩子吗？”她摇了摇头。看她没有抵触我的意思，我继续说：“那天，小明到讲台演算习题后，脚踩空了，狠狠地摔了一跤，但他艰难地爬了起来，他哭了吗？那次，小东在打篮球时，摔了一跤，膝盖破了皮，流了不少血，他哭了吗……”她又摇了摇头。“你遇到的这些事有他们的严重吗？”“没有！”她的回答很干脆。我感觉我铺垫得差不多了，于是故意很郑重地说：“你现在遇到的都是些小麻烦、小挫折，现在就这样，今后还会遇到比这更大和更多的困难和挫折，你是哭不过来的。再说，哭能解决问题吗？就说刚才吧，事情已经发生了，哭能让时间倒流，使事情不发生吗？”为了给她思考的时间，我故意停顿了一下。“总有一天，你会离开你的朋友、你的父母，去独自闯荡，而且那个时候所面对的人、事、物是相当复杂的，那些困难和挫折极有可能将你打翻在地，你哭有用吗？”我知道，我不能说得太多、太细，否则，会让她害怕未来。“我相信，你再次遇到这些事情的时候，能勇敢地面对，让自己内心强大起来，让动不动就掉眼泪的习惯远离你。你一定能做到的！”听了我的话，她抬起了头，目光中流露出了一种坚定……

这一次交流是有效果的。至少，她哭的次数减少了，已有了明显的进步。我不断地给予鼓励，同学们也给了她良好的影响。在毕业时，她真的做到了，她再不是那个动不动就哭的学生了。

爱的目光里没有“差生”

最棒教师的视野里，只有“差异”，没有“差生”。因为最棒教师的心里和眼里都充满了爱，看待学生和评价学生的尺子有好多把，也总是根据学生的长处去丈量他们的成长，给予他们多种多样的成长路径，让每个孩子都得到属于自己的成长、成功。

而今的学校，总有一个词语令老师们不能释怀，那就是“差生”。说起“差生”，我们总会有一种“愤愤然”，仿佛要除之而后快。然而，许多年来，非但没能除尽，反而“野火烧不尽，春风吹又生”。我们眼里的所谓“差生”，难道真是“差生”？

有语云：“一叶障目，不见泰山。”许多年来，应试教育遮住了我们的“眼睛”，我们眼里能见到的就只有分数。也因为被学生称之为命根的“分数”，才使我们忽略对学生的全面认识，才产生了所谓的“差生”。而今，被打入分数冷宫里的“差生”何其多也，这一切只因“浮云遮望眼”。

一旦成为我们眼中的“差生”,无异于给他的人生判了“死刑”。于是，个别老师言语上毫不客气，当着全班同学的面，也总是会说：“你这样差，我看你这辈子就是这样了！”“我从没见过你这样差的！”“你成绩这样差，真给我们班丢脸呀！”……可以说，你打他一下，他皮肉的疼会随时间的流逝而消解，而这言语上的伤害会让他铭刻在心，永远也无法抹去。还有一种就是置之不理，仿佛班级没有“差生”存在一样，将他们置于被人遗忘的角落里。这样一来,这些“差生”就永远成了教育的弃儿，没有了信心，没有了前行的勇气，甚至没有了抬起头的力气。

在此笔者只想再次追问：“难道他们真是‘差生’？”只想这样回答：“非也！”

“差生”的产生，实是我们的意识和思想出了问题。也可以肯定地说，是我们的评价标准出了问题。每一个学生都是充满生命力的个体，是实实在在的,是与众不同的。而我们只用一个标准（考试成绩）去衡量他们，这本身就是不公平的。且不论每个学生的身体条件、家庭环境、社会背景、个体智力的差异，单就他们进入学校时所面临的教师，以及对教师教学的适应程度来看也就不可避免地会出现成绩高低不一的情况。应该说，这是十分正常的。同样的学习材料，每个孩子对其的认识都是不可能完全一致的，而且我们也不可能保证 100% 的学生都全身心地走进了课堂，“人在曹营心在汉”的现象是绝对无法避免的。分数低下不能叫做“差生”，只算是“差异”，因为分数不能代表一切，更不能因此对孩子的一生过早地定论。过去有“三百六十行，行行出状元”的说法，今天，人们进一步地细分，发现共有一千八百多种行业。要知道，哪一行不需要人才呢？一个班级里，真正能在所谓的分数上出众的只是一部分，总有人会排在后面。美国哈佛大学教育研究院的心理发展学家霍华德·加德纳（Howard Gardner）提出了多元智能理论，即人有语言智能、逻辑数学智能、空间智能、肢体运作智能、音乐智能、人际智能、内省智能、自然探索智能、存在智能等。学生的分数低，只能说明他们的“语言智能、逻辑数学智能”可能在某个阶段弱于他人，但并不能因此说明他们就是“差生”，更不能因此歧视他们，因为他们还有其他的智能和发展空间。

曾看到一则消息。宁夏的一名高考落榜生被哈佛大学录取，并给予全额奖学金。这位姓杨的学生花了很多精力建立一个非政府公益组织，支援西部教育。哈佛方面对此作出如是解释：我们需要将来能改变世界的人。这消息能带给我们什么思考呢？高考落榜生肯定是我们眼中的“差生”，但却被世界顶尖大学录取。难道所谓的“差生”真是“差生”？答案是否定的。那为什么我们这么多年来依旧“迷途”不知返呢？我们忽略了这样一个事实，一些偏才、怪才最终却成了人才。可以说，由今天看来，他们也算是差生。比如，小学毕业的沈从文成了文学大师，数学考零分却被清华大学录取的吴晗成了史学大家……

大哲学家亚里士多德说：“未经审视的生活是不值得过的。”据此，我们也可以说：“未经审察的孩子是不能轻易下结论的。”《下一代的竞争力》的作者蒋佩蓉在书中提道：“世界上有两种人：责怪别人的人和承担责任的人。”今天，我们恰恰成了第一种人，对学生的责怪才使“差生”这一称呼始终挥之不去。所以，现在我们要做的，不是一味地贴标签，而是担起自己的教育责任，全方位地了解学生，去唤醒他们内在的潜力，以及存乎于心的那种“我是好孩子”的感觉，找准他们需要努力的方向和切入点，然后循着他们应该成为的“那个人”去开展引领，而不是强调整齐划一和齐步走。

当代教育专家东缨说：“庸师叙述，常师讲解，良师示范，高师启发……教师搭台，学生唱戏。”(《教育大乾坤》) 所以，对各具个性的学生，放弃抱怨，顺乎他们的个性给予启发，“给猴子一棵树，给老虎一座山，给巨龙一条江”。教育家李吉林老师说：“我觉得自己就如同最常见的丝瓜、扁豆，它们是可以攀援向上的，但是需要棚架的支撑。没有支撑，只能趴在地上，不可能向上攀去，也就结不出多少果实来。”可以说，孩子们就是“最常见的丝瓜、扁豆”，但他们需要“棚架的支撑”，也即是我们要给他们搭建属于他们自己的平台。唯有如此，他们才能结出属于自己的果实。孩子们都有其成长的规律，“花开自有蜜蜂来”“强扭的瓜不甜”。所以，只要我们走出分数的桎梏，挖好教育的“池塘”，何愁他们没有自己的成长呢?

生命犹如单程列车，不可逆转。抛弃“煮分论英雄”的陈腐观念，循着他们本来的面目去教育他们，让他们个性不失、本真犹在，让自我认同感、冒险精神，以及不畏失败的百折不挠的精神永远与他们相伴，那么，他们就一定能成为祖国各条战线上的中坚力量。

用爱为“心”守住一片宁静

学生的成长，是心智的成长与健全。今天，面对复杂多变的环境、打工潮的汹涌、亲情的疏离，孩子的心灵受到不同程度的“污染”。于是，校园欺凌、自杀等现象便多起来，显然是学生的心理出了问题，这极不利于他们的成长。面对这些现象，我们就应用自己富有爱心的行动为他们的心灵铸造一个宁静的港湾。我们也会在这样的实践中逐步成为最棒的教师。

面对方方面面的原因而导致的学生学习成绩差、行为道德失范、心理畸形发展、容易遭受伤害等，我们应扛起心理教育的大旗。“种树者必培其根，种德者必养其心。”教育必须时时关注学生心理的健康成长。我们欣喜地看到，不少学校已经在行动了。一个明显的标志就是建立了心理咨询室。然而，欣喜之余，我们也不免有些失望。虽然有些学校专门有用于心理咨询的房间,而且门边也订着个牌子（上面写着“心理咨询室”这几个字），但好像成了一种摆设，成了一种装饰，因为那里自创建以来就似乎没有开放过。而且“心理咨询室”那几个字使一些真想咨询的孩子望而却步,给本身有心理问题的孩子更加重了负担。因为“心理咨询室”设在同学们经常来来往往的地方，谁也不敢向那里多望一眼，怕被他人另眼相看。因此，我们有必要建立起一个真正能与学生进行心灵交流的地方——一个宁静的港湾。

心理有问题的学生，其心理是比较脆弱的，各种外部的条件都可能影响他。将较为隐蔽的教室设为心理咨询室，首先让有需要的学生从心灵上解除了一道来自外部的防线。至少他认为，没有其他的伙伴知道他来这里，不至于被人嘲笑。而且这样的地方，相对要安静一些，也更便于使学生躁动的心暂时平静下来，或者使他封闭的心灵在此敞开，这也有利于他与心理辅导教师交流。这就像教育犯错误的学生不宜在教师办公室一样，应选择在校园的林荫小道，与学生边走边谈。外部环境有时直接影响问题解决的效度。

所谓好的交流环境是因人而异的。比如，一个有恋物癖的学生，其母亲准备带他到学校的心理咨询室去接受老师的心理辅导。可他走到门口，却始终不肯进去。母亲拉不动已经读初三的儿子，只好让里面的老师出来劝说。这个学生抛出一句话:“我心理没问题。”老师说:“没人说你心理有问题。”学生指着门上的牌子,“你这牌子上写着‘心理咨询室’,我心理没问题，不需要咨询。”然后，他又朝向母亲，狠狠地说:“是你，老说我的心理有问题。”说完，扭头跑开了……多数醉了酒的人，最常说的一句话就是:“我没醉。”是啊，谁会说自己的心理有问题呢？尤其是处于青春期的学生。所以,我们应把“心理咨询室”这块牌子从门上卸下来。要么，什么都不用；要么，在旁边贴上一些美丽的风景画；要么，直接在门上写上一句温馨的话，如“轻轻地推开门，会有一片明净的天空与你相约”……只有这样，学生才能真正走进“心理咨询室”。

让学生能走进心理咨询室，只是第一步。要让学生肯与心理辅导老师交流，房间的布置也非常重要。窗帘是学生首先会注意到的，所以，颜色要柔和一点儿，图案要活泼一些，要让学生不感觉压抑。尽量不摆放办公桌，而只摆放沙发。办公桌一摆放，势必会让学生与老师对视，这样不利于他们道出内心的真实状况。摆放沙发，老师与学生坐在同一高度，让他们没有心理压力。同时，室内的装饰也尽量用中性色调，再适当地摆放一些盆景或鲜活的植物。墙上，则可挂上一些装饰画，以及一些有趣味或有哲理的话语。这些画和话，可以根据来访问者的情况进行更换（在有预约并了解来访者的情况的前提下适时更换）。当然，也需要播放音乐或配备视频的设备等。可以根据与学生交流的情况适时地播放相关的内容，以达到预期的效果。如此等等。

总之，对学生进行心理辅导，不可看成像平时进行个别教育那么简单，因为处理不好，我们反而会让学生受到更深的伤害。所以，培育学生健康的心灵，就需要为他们营建一个宁静的港湾，让他们受伤的心灵暂时有一个安放之处，让我们的心理健康教育真正落到实处。

用爱心守望生命的冬天

最棒的教师，不但有敏锐的心，也更会有爱。面对那些暂时处于成长“冬季”的学生能用爱去守护，为他们置一轮生命的太阳，送一缕缕和煦的春风，让他们安然渡过生命的冬季。如此，他们会在走向自己生命的春天时自信地抽芽长叶。

比如，我们班的小伟可算得上是最引人注目的一个学生。不是因为他的成绩好，而是因为他经常不交作业。即使交上来，那作业本也是脏兮兮的，还常常没有完成。不仅如此，他穿的也是很脏且破烂的衣服。请他到办公室来过多次，每次他总是吞吞吐吐的，一脸无奈地站在我面前。

开学过了好几周，小伟除了按时到校外，仍旧是老样子。我没少在班上批评他：“你这样下去还有什么出息？你怎么就不替你的前途着想？你不为自己打算，也应该为父母着想吧！”每次批评他，他总是低着头，红着脸，手不断地捏弄着他那支不知从哪里捡来的破钢笔。中期能力检测，小伟得了全年级倒数第一。那天，我把他叫到办公室，狠狠地训斥、数落了他一顿，直骂得他伤心地哭了好久。最后，我抛给他一句话："我再也不管你了。"

又过了一周，小伟依旧按时到校，依旧是无精打采地坐在课堂上。又是一个星期五下午放学，我整理好一周的工作笔记，猛然想起昨晚读到的一个故事——别在冬天砍树。故事是这样说的：父亲在冬天砍掉一棵枯树，到了春天，他惊奇地发现树桩上又萌发了一圈新绿。于是，父亲对孩子说："当时我真的以为这棵树已经死了，树叶掉得一片不剩，光秃秃的枝丫也不断地往地上落，一点活力也没有。现在才知道，它看似枯死的躯干还蕴藏着活力。孩子，不要忘了这个教训，不要在冬天砍树。"小伟是不是正处于"冬天"呢？我是不是就这样将他"砍掉"了呢？肩上那沉甸甸的责任驱使我一定要将此事弄个明白。

于是，我拿出学生报名册，找到了小伟家的住址。看到他家离学校比较远，我决定徒步走到他家，看看小伟每天上学得走多长时间。经过70分钟，终于到了小伟家。门是开着的，我轻轻地走进屋，一股霉臭味迎面扑来。那是一间极其脏乱的房子，房里有并排两张床，床上的被盖黑黑的，床边坐着个目光呆滞的女人。窗前地上放着一口锅，锅里还有中午吃剩的面条，那汤里看不到丁点油星儿。地上很脏，俨然很久没有打扫过了。在一个墙角里堆着些废纸、饮料瓶之类的杂物，小伟就蹲在那里，清理着什么。突然，小伟站起身，发现了我。他赶快跑过来，搬来一张小板凳，用衣袖迅速擦去上面的灰尘，让我坐下。然后，从床边牵来那个女人对我说："老师，这是我妈。"然后，又对他妈说："妈，这是我的班主任老师。"他妈什么也没说，眼睛直直的，嘴里不停地说着："嘿嘿，老师！嘿嘿，老师！……"我忍住就要流出的眼泪，听小伟讲他家的事。他母亲在他满一周岁那年被一辆车撞了，司机逃逸。为治好母亲的伤，他家花光了所有的积蓄，还欠了两万多元的债。母亲医好后，她就成这个样子了。现在，父亲在离家不远的建筑工地上打工，很少回家，也很少拿钱回来，他和母亲的生活就全靠他放学后捡废品去卖得的钱来维持。听着小伟的叙述，我的心如刀绞般难受。临走时，我掏出100元钱递给小伟，他却坚持不要。我硬塞给了他，对他说："你的家离学校这么远，你每天要照顾妈妈的生活，还能按时赶到学校，真不简单。过去，老师对你关心不够，这是老师的错。这钱你就拿去买点好吃的，给妈妈改善一下生活。"

第二天，我打电话约了班上几个家庭条件还不错的学生，告诉他们趁双休日去参加一项实践活动。到学校集合后，我们一起来到小伟家。小伟没在家，可能是出去捡废品了。几个同学看到小伟的家是这个样子，瞪大了双眼，半天说不出话来。我给他们几个分了工，准备收拾房间。可是，什么清扫工具也找不到，只好让离此不远的一个同学回去拿。等那个同学回来时，小伟也提着废品回来了。他知道了我们的来意，很是感动。然后，就和我们一起用了一个多小时才将屋里屋外收拾干净。几个同学在那里嘀咕着什么，接着就跑了。我对小伟说："我去买点菜，你把炉子生好。"等我把菜买回来，那几个同学又来了。有的带来了好吃的，有的给小伟带了半新半旧的衣服，有的带来了学习用品，小伟感动眼泪都流出来了……下午，我带着小伟来到了他爸爸做工的地方，费尽口舌才将他劝了回来。我对他说："你要为孩子的将来着想，也要为自己的将来着想。等孩子长大了，会挣钱了，家里就会好过的。"临走时，他表示：争取天天回家！

后来，在同学们的帮助下，小伟渐渐学会了自己洗衣服，作业也能按时完成，且卷面整洁。在学校教导处组织的口算比赛中，他还获得了三等奖。

冬天的树，光秃秃的枝杆，仿佛枯木一般，但它的内心却孕育着春天的希望。只要能挺过严冬，它就有可能焕发生机。我们所面对的学生，又何尝不是这样。由于各方面的原因，暂时处于逆境不作为者时有之，我们却不能就此将其"砍掉"，让他过早地失去成长的活力。

"别在冬天砍树"是我们教育者一个永恒的法则，也是成为最棒教师的必备修炼。

第三章　锁定人生大格局

1. 一个人格局有多大，他的成就就有多大。

1. 职业坚守，需要有一个高远的教育理想，需要有一些实实在在的教育行动，需要有无数清醒的人生目标。

2. 我们应积极认识自我，引领自己人生的航向。在这漫长的时间中，我们需要认真思考，合理规划，追求自己充实而有意义的人生。

第一节　用理想与品性构筑人生底座

理想与品性改变教育格局

教师的格局有多大，决定着教师的成就有多大和幸福指数有多高。教师的职业生涯是由若干个阶段组成的。自我最终的目标是什么？每个阶段怎么发展？走向是什么？回答这些问题，不可避免地会涉及职业规划。什么是职业规划？一般认为，职业规划是指一个人对其一生所承担职务进行系统的预期和计划，包括一个人的学习，对一项职业或组织的生产性贡献。事实上，职业生涯规划不是一个单纯的概念，它受多种因素的制约，如个体价值观、家庭环境、工作环境、社会环境、人脉环境等。这些因素总在不断地发生着变化，如果没有内驱动力持续的支撑，那么，其职业规划就可能会产生一些动摇，甚至改变。所以，严格意义上说，我们很难准确地解释某一个人职业规划的内涵。

对于自己所从事的职业，相信每个人的心里都有一杆秤。如果这杆秤没有称量出职业带给自己的幸福，可以说，人生一定会失去很多可贵的东西。然而昨天已经过去，如果一味地关注昨天的结果，一味地沉浸于昨天的失落中，那只会让自己的人生更加荒废，所以，不如从今天开始，为了明天而付出昨天没有过的努力。这样，至少从今天开始，我们便为明天播种着希望。这，才是职业规划或职业规划后的行动与行为。

无职业规划需要批判，对那些自欺欺人的，搞形式主义的职业规划更需要批判。职业规划与心智，与品性，与行动有着紧密的联系，但现实中很多的职业规划往往限于文字性的东西，看似成型，实际规划与行动严重脱节。

最好的职业规划，就是让人明白目标是什么，今天需要做什么。为了实现目标，今天必须学会坚持与坚守。如果不能做到这一点，职业规划的有与无都是一回事。

在专业化发展的路上，我们必须警惕走弯路，必须全力提升自我的理想和品性，必须尽全力精进，才可能给予自我更多的人生价值。为了实现职业目标需要做实规划，落实规划。职业生涯中的重头戏在于精进，让我们在追求之路上的昨天、今天和明天都不留下遗憾。

抓好职业生涯规划，为什么总感觉规划与实现离我们太远？其实，答案只有一个,格局不高远,加上“心有所想,事无生成”;“心想”成“因”，“因”不强大，没有辐射十年、二十年、三十年的量能，所以就没有能影响你的需求和左右你结果的实力。“心想事成”宇宙法则，一则受到主宰人生命运的这一只手驾驭，同时还有一只无形的大手驾驭我们的人生——“因果报应法则”。我们身上发生的各种事情，都有其产生的原因。这原因不是别的，是自己的思想和行为。你在想什么做什么，都成为因，而必生果，你对所生的结果如何应对，又成为因，又必有所果。这种因果规律不断循环，构成我们的人生。

强大，需要强大的“因”作为理由。这“因”包含教师一生中的N个计划，包括教师的职业坚守需要有一个连环性的教育理想（清晰的目标），一些实实在在的教育行动才会走远。所以，我们在教育天地里要实现人生的目标，有一个明确的需求是前提，在此，我们将探讨影响教师职业生涯规划执行的一个非常隐蔽的因素——教师理想的品性。

人的理想可以改变命运；想好事，做好事，可以改变命运的走向，使命运向好的方面转变。作为教师，我们的某种思想和行为要作为结果呈现出来，需要相应的事业，在两年、三年这样较短的时间内，结果往往呈现不出来。但从二十年、三十年这样的长时段看，因果自然呈现。诸如，只要人们乐意了解一个教师的职业生涯，几乎所有人都得到了与他们的教书育人行为与人生态度一致的结果。

谈教师的理想，必谈理想的品性，这全源于人们只关注理想的结果，只考虑它的有用或无用，而忽略影响理想达成最根本的原因，更少涉及“品性是如何炼成的”这一不可或缺的因素。实现理想的过程，就是一个计划执行的过程，但计划在执行的过程中，往往受到理想品性的影响。如何修炼品性，将是在此重点探讨的话题。

“品性”是指一个人较为突出的性格品质、气质性情等个性心理特征。教师生涯需要N个计划，也是教育生涯不同阶段的理想（一种拔高的“心想”，有“心想”，“事成”才有“因”），教师的N个计划是教师理想的细化和演化过程。简言之，每个教师各自不同的人生结果，完全因理想品性的差异而呈现出差距。如果我们真正能树立崇高的教育理想（“心想”），并付诸行动真的可期待最终的结果（“事成”）。原因和结果之间，似乎可用等同连接，原因和结果的吻合度甚至可用“可怕”二字来形容。

在笔者看来，品性其实就是影响N个计划执行的精神动力。大家都明白有无计划会导致人生结局不同，但为什么真正把握好这个问题的人却凤毛麟角？笔者相信正面影响产生的效果比消极影响产生的效果好几百倍，它符合心理学精神暗示的原理，笔者更相信“我需要得到什么”，这总比那些不断否定自我，将一切看作“不可能”所取得的效果要好得多。研讨N个计划的执行，则不得不关注：精神动力是什么？精神动力源于什么？产生这种精神动力能持续多久？这些问题，便是我们思考和论述的全部。

谈理想的品性，与其追求开悟，不如运用理性和良心去磨砺心志。

古人云："人若志趣不远，心不在焉，虽学而无成。"一个人缺乏梦想，缺乏理想，不会懂得生活的真正意义，只能是情绪低落，行动无力，昏昏沉沉，虚度一生，铸就高尚的师德便遥遥无期。我们经常说，大爱铸师德。要知道，这"大爱"本身就包含着教师的理想，以及理想的品性，包含着教师的"智慧"和"能力"。没有生涯规划，没有N个计划，没有有效地执行N个计划，教师又有什么能力去铸就大爱，并进而铸就高尚的师德。

师德只有起点，没有终点。所以，教师的成长不完美才是真正的常态。但不完美不要紧，贵在持续"精进"。只有主动追求的东西，才可能到手。只有敢于"心想"，才有"事成"的可能。在长期的调研中，我们发现，每一位教师的理想，都无不折射出他的品性。以下片段，相信大家应该不会陌生。

教师甲：我们一起参加工作，都三十多年了。

教师乙：是啊，转眼都快退休了。我总觉得心里空落落的，而你的教学越来越受学生欢迎，还发表了那么多文章，出版了专著。同样是教书三十多年，我们之间为什么差距如此之大呢？

教师甲：其实，我只是在不断地思考，不断地改进，也常常记录自己的思考，慢慢地就有了这些文章、专著。

教师乙：是啊，我一直懒散，总觉得把课上了就行了，到现在也没有写出一篇像样的教案，没有一篇像样的文章，更别说……唉！

一个人的人生就是他思维的产物。教育族群的理想品性，无外乎三种类型：无计划型、普通型和理智性。俗话说：鸟贵有翼，人贵有志。立志与毅力是事业的双翼。在现实生活中，更多的教师往往在理想与现实的夹缝中游走。理想的品性，其实就是给N个计划强大的精神动力支撑，它直接反映教师的精神面貌。无计划型需要唤醒，否则一生只能平庸；普通型，最高的理想便是成为像某人一样的校长，这便是其全部追求；理智性，把“成为最优秀的人”作为人生全部的追求。

全面提升理想的品性并非易事，在这个过程中，我们不少人往往并不在乎是否客观，只会根据自己的立场和信念去行事，去实践。我们只有每天直面现实，并不断追问人生的意义，并勇于磨炼灵魂，拥有更高更远的追求，在克服困难和挫折后迎来“柳暗花明”。

职业坚守，需要有一个远大的教育理想，需要有清醒的人生目标，需要有一些实实在在的教育行动。因为，明确的志向影响着终身努力的方向，决定着教师能否真正能用大爱去为每一个学生的成长奠基。

李吉林是我国当代“情境教育”的创立者、著名儿童教育家、全国教书育人楷模。年近古稀的她依然勤勤恳恳、乐此不疲地耕耘在小学教学一线，耕耘在她为此付出无数心血、也收获了无限快乐的情境教育园圃里。1978 年，她成为全国首批特级教师，也是从这一年起，她开始了长达 28 年的“情境教学——情境教育——情境课程”的探索。她是一棵公认的“杏坛不老松”，在这几十年里，几乎每一个阶段、每一个日子，都是她的“黄金期”。

没有哪一位名师是一登台便成名的。从李吉林的成长历程中，我们不难看出，她理想的品性引领着她的探索与追求，从而实现人生的一个个目标，完成她对“情境教学——情境教育——情境课程”的构建。可以说，是她对教育的一颗爱心、童心、恒心造就了她高远的人生境界，是对教育的大爱成就了她今日的高度。

充满激情，燃起热情，才可能做出一流的业绩。在现实生活中，为什么我们的工作成绩不能超过她？为什么我们没有成为教育专家？为什么我们的理想与现实的距离这么大？为什么会出现“昙花一现”？为什么同样的环境、同样的体制，有些都业绩突出，而我们有些教师却表现平凡？或许是因为我们没有他们的吃苦耐劳、坚忍不拔、自信自立、诚实公正、爱心仁慈等诸多理想的品性。如果一个人抛弃这些优秀的品性去一味地寻求什么秘笈、法宝、捷径，是不会获得人生真正的成功和幸福的。随着社会的转型，经济大潮的到来，有些教师受到影响，心有浮动，如此又何谈成长与成功，何谈一生的计划，何谈职场的幸福？一些教师的成长之所以缓慢，甚至停滞，有些教坛新秀之所以衰败，有其深层次的原因。比如我们身边有这样的教师，原来教课非常出色，后来表现平平。仔细观察、细心剖析就会发现，很多时候，他们的客观环境、智力因素，跟优秀教师没有区别，区别在于他们理想品性缺陷。比如无职业规划、视野狭隘、工作拈轻怕重、功利心重等，这样的教师注定要走向衰败，注定要孤独地感受人生的枯萎。

霍懋征、斯霞、魏书生、于漪等教育家，他们在艰苦的环境中，不怨天尤人，不指责抱怨，甘守清贫，耐住寂寞，沿着他们既定的目标，一步一个脚印，最终走出困境，完成了自己的心愿和梦想。我们在制定人生规划时，特别是在第一个五年与第二个五年中要注意品行的修炼，这样才有可能在第三个五年站起来，进而增强自信和前进的动力。如果在第三个五年中才来着手强化理想品行的修为，那将会直接影响终身努力的方向，最终影响人生发展的速度和高度。

用品性奠基人生格局的底座

拿破仑·希尔说："一个人的成功取决于机遇，但更取决于他的品性。"理想的品性，能产生强大的力量，产生一种镕铸于时时事事之中的精神力量，从而以苦为乐、百折不挠，当计划达成时，就自会赢得领导、同事和学生的信任，就会拥有益于发展的环境有助于教育目标、职业理想的实现。

品性，决定了一个人的人生境界能登上多高的山峰；品性，决定一个人的人生路能走多远；品性，是教师专业成长的第二生产力；品性即命运。教师的品性修炼不是口号，而是在清晰的目标指引下的，一些实实在在的教育教学行动。当身在职场的我们将品性修炼到一定的程度时，机遇、成功、幸福都会随之而来。

《学记》中说："善歌者，使人继其声；善教者，使人继其志。"从这个意义上看，教师应对自己的教育人生有一个清醒的认识和规划，为"善教”奠定基础。教师理想的品性是一个不断修行的过程，不同的人生阶段有不同的内涵与要求。

二十至三十岁，能坚定信念。蒲松龄为了激励自己完成《聊斋志异》，曾写了一副对联：“有志者，事竟成，破釜沉舟，百二秦关终属楚；苦心人，天不负，卧薪尝胆，三千越甲可吞吴。”由于他心中有了这份坚定的信念，所以，即使在极其穷困的日子里，他也仍然坚持写作，初稿终于在他四十岁时完成，以后多次增删修改，直到晚年才最终完成了这部传世之作。对于刚入职的二十至三十岁这个年龄段的老师，尤其要更清晰地规划自己的职业发展。拥有规划，才能胸怀理想，信念坚定，并扎扎实实落实在每一天的工作中，每一堂课上，每一次批改作业中，每一次教研活动上……在这个过程中，切忌见异思迁，切记“身在曹营心在汉”，这个过程需要我们能坚持精进。

三十至四十岁，能坚持磨砺。“心想事成”的宇宙法则，需要十年、二十年、三十年的精进，才可能因为天天勤奋而促进人格的提升，从而让“心想”与“事成”划上等号。“胜利者不一定是跑得最快的人，而是最能耐久的人”，对于三十至四十岁这个年龄阶段的教师，坚守理想品性，在计划的执行中往往会出现人生的“拐点”，那就更需要有“十年磨一剑”的精神。坚持读书，坚持教研，坚持研修，坚持你的每一个符合自身实际的专业行动，全神贯注于一事一业，拼命工作，持之以恒，精益求精，那么，灵魂自然会得到净化。唯有这样，你才能最终在磨砺中显示你的宝剑锋，于苦寒中炼出属于你的“梅花香”。

四十至五十岁，能坚守理想。那些在各个领域取得成功的名人们，他们同样走过奋斗的历程。在四十至五十岁时，那些依旧坚守理想的人，能不断提升人其本身的价值。

理想有多远？也许四十岁之前的打拼只是人生的积淀，尤其是教育工作者，每走一步，都需要围绕计划和目标进行反思、调整、实践。对于四十至五十岁这个年龄段的老师，要把握时代发展的脉搏，紧跟教育改革的步伐，不计得与失，不计名与利，坚守理想，也许今日的努力，才会使我们朝着目标又近一步。

五十至六十岁，能坚信未来。精力与体力的衰减，是人不可抗拒的自然法则。但这个年纪的人，往往经验更丰富，理解与判断能力更强，此阶段最需要的是对待工作能依旧拥有饱满的热情。

对于五十至六十岁这个年龄阶段的教师，不论你的工作多么繁重，不论你的心有多么累，也不管条件多么艰苦，不管环境多么恶劣，你都要以一种积极的心态去面对生活中的坎坷和不公，都要坚信未来是美好的，从而相信自己，积极谋划人生，唯有这样，我们的生活才会变得更加精彩。

一个人如果缺失理想的品性，就缺少成才和成功的土壤，一切正如无源之水，无土之木，自然就不会有职业的幸福，也与成为最棒的教师无缘。

第二节　在精进中筑就人生大格局

缩短模糊岁月为精进铺路

你是谁？从哪里来？要到哪里去？如果不进行职业生涯规划，真要将这一连串的问题追问下去，作为职场人的教师可能真还没有几人能回答周全。懂得“心想事成”法则，加上“因果报应”法则，若不能真正回答以上问题，对未来不明确（即“模糊岁月”）的乐观主义能创造出想要的未来吗？如果为师只是一个对未来要求不高的人，基本需求很容易达到，但对未来不明确的乐观主义根本无法持续。如果没有规划未来，未来怎么能越变越好呢？

没有计划的进步只能叫做“演化”。达尔文曾写道：生命就算没有准备，也会自己“演化”。人的成功需要抓住关键的时间、关键的地点和关键的人。关键的时间其实可解释成要有抓住机遇的能力，换言之：职业生涯规划优先于机遇。好的规划是创造和想象，多年执行明确的未来计划，去追逐与实现自我的人生价值。我们应明确，长期规划仍是最重要的，我们必须重新找回明确的未来道路，不能总处于模糊的岁月里，否则，我们很难实现自己的人生价值。

贫血，大家对此不陌生。贫血的原因是全身循环血液中红细胞总量减少至正常值以下。职业贫血，是一个形象的比喻，无不是当前众多教师职业生命的真实写照，无法掌控自己的未来，因为从事教师职业并不知道自己真正要做什么，不但没有让自我强大，往往还会让自己产生浑身乏力、不自在的感受。

当下，只要一提及教师的身份，就会出现集体职业恐慌的现象，这是极不正常的反应，应该引起深刻的反思和警醒。导致其产生的真正原因是什么呢？缺少教师生命成长的微量元素，缺少一种让自我强大的生血系统——系统的成长计划。

为什么会有职业恐慌，一个根本的原因在于能力恐慌。我们对教师人生中无计划甚至假计划的现象给予批判，对看不懂“心想事成”产生的幂次效应要经过很长一段时间后才会清晰地显示出来而失去信心，对教师因职业恐慌产生的症状进行全面地诊断。生涯规划的重要性在于，相信自己选择的方向在今后几十年中会变得很有价值。

理想品性有四个“根基”，即活力、勇敢、敏感及智慧。在这里，再次重申，我们并非指责天下教师理想品性根基的浅浮，以及缺乏N个计划的执行力，主要是因为一生教授他人上进，却自我不求上进而被岁月淹没的种种表现，实属不应该。前面，我们探讨了N个计划与一生的发展与幸福。在这里，我们则更多地指出N个计划的遗忘与后退、颓废和堕落。

蒙田曾说：“我凭自己的切身经验谴责人类的无知，我认为，认识自己的无知是认识世界的最可靠的方法。”在此，我们的一个目的是对今日教师整体颓废的精神面貌进行集中的批判，但更大的目的是将希望寄托给后来者，以及那些立志于带给教育幸福和乐意终身从教育中收获幸福的人。

我曾与新教师在谈教学基本功修炼中的“读懂职场，成就自我”时指出：“职业是什么？如果说职业只是一个目的，落实到‘找’字上，很多人从为师的第一天起就已经完成使命——你已经真真实实地找到了一份工作。如果一个人一生就只有这么一个目的，想想看，这将是多么可怕的一件事情！”“职业里不只是占有，职业里还拥有创造，职业里包含着一位教师的生命，职业里包含着一位教师的灵魂。职业具有多维度的目的性，它就像一块广袤的土地。在这块土地上，你追逐什么就获得什么，你描绘什么就成就什么。”“来到世间，本该做一点儿事。做不了大事，就做小事，总之，就该做一点事。”

在教学生涯中，为自己留下一点儿东西，对拥有事业心的教师来说并不是一件难事。有人曾经把教师在职场的几十年分成了入职期（从教第 1 年）、稳定期（从教 2–5 年）、多样化和变革期（从教 5–15 年）、审视期（从教 12–20 年）、平静期（从教 15–30 年）、保守期（从教 30–40 年）、游离期（从教 35–45 年）这几个阶段，仿佛教师就必须是一个由成年到衰老的不可抗拒的过程，而且仿佛认为任何人都只能如此。在此，我们虽不愿用太多语言指出此种分段本身就缺乏一定的科学根据，但这却与有理想、有抱负的教师人生轨迹完全不符。

我们必须警惕生涯规划不明的时段，笔者称之为“模糊岁月”。我们曾经固执地认为，学生成绩并不等于教师价值的全部，甚至学生成绩只占其中的一个小部分。我们更加主张，离开教育教学后的时间才可称为生活，是生活支撑着让我们将教育教学工作做得更好，是生活能力给我们支撑，让我们走得更远。事实也是这样，没有哪一位教师只因学生的成绩，才给他长久的支撑。特别是涉足专业修炼更是如此，没有专业精进，恍然便会步入十年、二十年或三十年的弯路中。

如果将教师的人生分成青年期、中年期、老年期，笔者是赞同的，因为生命体征也本来如此。反观其他职场，往往是体力下降，经验更加的丰富，而教师职场中更多的则是体力下降而经验下滑，这其实是极不正常的现象。为什么会这样呢？其实，你早已失去了为自我作支撑的东西，又怎能不是如此的老态龙钟呢？在人生的每一个阶段，一种无计划，甚至有计划而没有实施，完全忘记了自我在该阶段如何地发展，需要得到什么，所以，最终进入职场“黑洞”也不足为奇。

没有专业发展，就会出现职业贫血症。那些已经出现职业贫血症的教师，经常把学生的成绩当作自己的专业发展，表面上留下了学生的成绩，最终却忘记自我发展，这并不是一种奉献与牺牲，实质是一种失去斗志的推脱之词，为的是麻痹自己。

那么，我们该如何拒绝平庸呢？肯定地说，不能让模糊的岁月太长。

B老师是位区级骨干教师，四十岁左右，高级职称，业务能力较强。有一次我问他：“你现在工作了十几年，取得了较大的成绩，但是，到退休还有二十几年，你对自己的业务要求有什么打算呢？”他说：“我希望自己的业务水平再上一个台阶，但是没有这样的氛围，同事间没竞争，整天忙于事务性工作，所以上课只求讲清楚，或满足于讲清楚及获得现有的高考成绩。”我感到这是个很有代表性的思想。对这一类有经验的老师，我们该如何使他们更好地成长、去追求卓越呢？我们该如何去激发他们在事业上进行良性的竞争，从而走出平庸呢？

——摘自《中国教师校本研修网》

在教育界工作了若干年，很多人在经历了寻觅的彷徨和立足的坚守后，便开始止步不前。很多的教师面对平凡的岗位，认为自己晋升无望、评职无门，就再也没有雄心壮志，心甘情愿地做一个平庸之辈。也有一部分教师，他们在教学业绩中留下了无可争议的贡献，学生在各类考试中名列前茅，但他们却忘记了自我的发展。

在职场摸打滚爬一段时间之后，你是否感觉到，当年的踌躇满志已经消退，曾经豪情万丈到如今却身心疲惫。你是否越发感觉职场倦怠浓浓地包裹着你，越发感觉职场的无味与无奈，是否有紧张、焦虑在时时伴随着你，是否有本领恐慌、生存危机、前景黯淡，甚至感到江郎才尽的危机……如果这一切都时时在你的身边，在你的心底，那又何谈专业的成长与人生的幸福。繁忙、浮躁、压力、恐慌，让我们窒息。我们是否能留一点时间，想想自己在未来的岁月里最想得到什么，未来的人生旅途该怎么走过?

为什么会出现这样浑浑噩噩的人生，稀里糊涂的职场，一个很重要的原因是缺乏行动目标的牵引。因为缺乏目标，便丧失了成长的成就感，所以，身处教育职场的朋友们，增强计划意识吧，给自己一个看得见的“成长射击靶”——目标，因为它既是前进的方向，也是对你言行的鞭策。当一个个目标如期实现时，成就感就会油然而生，你的思维方式和行走路径也会因此改变，你的人生将从此与众不同。

人生追求的终极目标是，过一种幸福而完整的生活。而处在模糊岁月中的我们，又恰逢三十至四十岁这个人生发展的黄金年龄段。如果在这段时间里毫无建树，我们便丢掉了许多宝贵的成长先机，所以职业顾问提醒我们：如果不在这十年内爬上一定的高度，再将自己的能力和资历加以结合，那么到了四十岁以后想要有跳跃式的发展机会几乎是不可能的事情。

合理有效“造势”促一路精进

拥有大爱的智慧与能力，根本在于在内心深处抱着远大的目标，而且努力去实现它。我们应该让这个目标成为自我思想的中心点。要知道，那些在人生的旅程中没有目标的人，很容易成为担忧、恐惧、麻木、自怜的猎物。

执行N个计划，只有依靠提高自己的思想觉悟，才能取得成就，有所建树。个人的成长与强大不是无缘无故的，它像种子一样，除了土壤，还需要合适的气温、阳光和雨露。“借助平台”来发展自我是走向成功的捷径。如果我们有着美好的设想，有着属于自己的N个计划，却再没有给N个计划的执行一个真正的实践场所，可以肯定地说，我们所“心想”的一切，也只能是不落地的空想。所以，我们要做的是进一步把计划付诸行动。

土壤中没有种子，就没有禾苗破土而出。实现专业发展，让计划变成现实的种子，应根据自我设定的计划，有效打造发展平台，打造属于自己的土壤。

哪一家企业的成功，不是靠“借势”发展的呢？如阿里巴巴的云梦工厂。

商战中非常讲究“造势”，要赢得人生，“造势”其实也是非常有必要的。马云在股东大会上提出自己的“云计划”，借媒体加大宣传力度，这无不是一种宣传攻势，即“造势”。“造势”的好处在于能先声夺人。

我们必须明白何谓造势——指通过塑造环境（包括人或组织等）对自己的积极认知与评价，营造出有利于自己职业发展的空间。同时我们也应该明白，“造势”是对自我明天努力的方向和成就（成绩）给提前谋划，为了给予自我职场发展拓展空间，只要不是虚张声势就有利自我发展。

诸如，马云提出的“云计划”智慧分享平台，在无形之中为自己营造了一种气场，可谓用心良苦。给企业一个共享管理与经营的方式，同时也为本企业树立了良好的口碑，无形之中打造了一个更高的发展平台。

台湾的“中国式管理之父”曾仕强说：“人生只做三件事，知道此生为何而来，这是目标；知道如何完成，这是方法；知道如何做得更好，这是改善。三件事听起来简单，真正做起来并不那么容易，需要付出一生的时间和精力。”职场造势亦是如此，需要用一生的时间和精力去获得。

有人认为造势就是宣传、炒作或做表面文章，这种认识是肤浅的，这种理解也是狭隘的。真正的造势是获得别人的肯定与认可，从而铺平自己发展的道路。作为教师，要让他人了解自己、认可自己是一个漫长的过程。要想成功地造势，更需要自身人格魅力的打造，需要修炼内心、态度、修养和观念（如在教学中提升自己的专业能力，在管理中学会总结相关经验，在课外阅读中不断加强修养等），同时也要为付出相应的时间和智慧。

我们应积极认识自我，学会造势，引领自己人生的航向。在这漫长的职业生涯中，我们需要认真思考，规划一个合理的造势步骤，把自己的人生演绎得完美无缺。

当下有些教师的知识与能力平庸，缺乏核心竞争力，原因在于其在人生定位上不够清晰，对自己的核心竞争力也不了解，很多时候就只知“心想”而不为，不懂找方法，不懂得如何为自己的人生“造势”，其人生怎会不留下遗憾？

很多的教育界同仁在事业发展中都不知如何前行，他们多处于徘徊观望之际，就已经逐步远离了成功。他们或是踌躇于当前的成绩，或是彷徨于现实的生活，或是接受别人的数落，或是随波逐流。他们就这样在日复一日中形成了定势，不知不觉地活在了别人的思维里，认可了现状，自然就放弃了对成功的追求。

所有人都应该铭记，平庸最可怕，我们今天的地位，都是自己选择的行动带来的结果。当我们处在教学的迷惘时，切莫忘记且行且思，一定要学会在职场中为自己造势，找到属于自己的发展平台。

胡光墉 (1823–1885)，字雪岩，安徽绩溪人，中国近代著名红顶商人，富可敌国的晚清著名徽商，政治家。人称“为官须看《曾国藩》，为商必读《胡雪岩》。”胡雪岩，幼年时候家境十分贫困，以帮人放牛为生。从扫地、倒尿壶等杂役干起，三年师满后，就因勤劳、踏实成了钱庄正式的伙计。正是在这一时期，胡雪岩靠患难知交王有龄的帮助，一跃而成为杭州一富。

胡雪岩说过：“做事情如中国一句成语说的，‘与其待时，不如乘势’，许多看来难办的大事，居然顺顺利利地办成了，就因为懂得乘势的缘故。”他认为造势不如乘势：借势而起，借力而发。胡雪岩为帮助左宗棠筹办船厂和筹措军饷向洋行借款成功，就是乘势而行的结果。

顺应“心想事成”宇宙法则和“因果报应”人生法则，将精神与理想集中于成功的愿望。这里所说的“势”，是指那些促成某件事成功的各种外部条件同时具备，即恰逢其时，恰在其地，几好合一，从而让好的机会汇集而成的某种大趋势。具体说来，这种“势”也就是由时、事、人等因素交互作用形成的一种可以助成“毕其功于一役”的合力。这里的“时”即时机，所谓“此一时，彼一时”，即是说同样一件事，彼时去办，也许无论花多大的力气都无法办成，而此时去办，可能“得来全不费工夫”。

这里的“事”是指具体将办之事。

一定的时机办一定的事情，同样的事情此时该办亦可办，彼时也许不可办亦不该办。可办则一办即成,不可办则绝无办成之望。这里的“人”即具体办事的人。一件事不同的人办会办出不同的效果，即使能力不相上下的两个人，这个人办得成的某件事，另一个人却不一定能办成。所谓乘势而行，也就是要在恰当的时机由适合的人去办理该办的事情。

当然，我们更应清楚，作为一名教师，我们在执行计划的过程中，可能会遇到很多的因素，其中并非都对“造势”有利。所以，在诸多的因素中，对造势时机的选择与把握是至关重要的，它可以说是我们“乘势”的灵魂，这就犹如我们平常发表对某件事情的看法或对某件事做出一个决策一样。在许多事情的处理与运作过程中，即使你的意见很富有科学理性，意见绝对正确，决策十分果断准确，如果你想让你的意见或决策起到更大、更有力的作用或影响，你也必须选择恰当的时机，乘“势”而发。否则，说早了没用，说迟了徒然自误；说的场合不佳，效果不大，甚至会带来负作用。这就是“势”的作用。如在某次公开课评课时恰到好处地提出自己的见解，或是在某次会议发言中推出自己的某个观点，这就是选好了为自己造势的时机。

为自己造势，让自己在职场左右逢源，得心应手，这是每一个人自我发展的必然要求。当我们在职场陷入危机之时，就应该学会寻找突破口，用另一种方式为自己造势。心态决定命运，每一个人都应该做一个积极的思维者，做一个积极的开拓者。造势是一个循序渐进的过程，将其分成可操作的几个步骤,从而有力有序地进行,才会让自己的理想之路在“造势”中越走越宽阔，从而真正成为教育职场里最棒的教师！

下篇

XIA PIAN

创新统筹精专业

第一章 勤学，提素养

1. 最棒的教师，勤于学习，并善于学习。学习是提升专业素养、成为最棒的教师最直接和有效的方式，一个不爱学习的教师永远不会得到提升，沦为平庸的教师是最终的结果。

2. 有语云："笨鸟先飞。"这自然没有错。但若飞错了方向，先飞又有何用？做最棒的教师，在学习的道路上，总是能把握好方向，以勤学不断丰润自己的成长之路。

3. "学如逆水行舟，不进则退。""健康在早上，成功在晚上。"最棒的教师深谙此理。他总能抓住一切可以读书的时间去阅读，去积累，去收获，去蓄积成长的活水。

第一节 方向：走向阅读的远方

专业知识，勤学的根

"勤学"是最棒教师的生活方式，"专业成长"是最棒教师的表达方式。而学习和学好"专业知识"才能为自己站稳课堂保驾护航。积蓄丰厚的专业知识，犹如为自己储备了课堂教学的源头活水。这不但能提高课堂教学效率，更能帮助自己快速成长。

专业知识是指专属于特殊人群从事特种工种而拥有的知识。全面了解教师职业中专业知识有哪些，以及专业化的过程，这正是自我修炼的过程中促使目标明确与方法得当的具体要求。

教育知识是一种源于行动、指导行动的知识，一种能给为师者教育自信却又给教育行为以指导的知识。我们的教育自信、理念自信、实践自信多因教育知识的储存量而予以呈现。

教育知识是专业知识的基础部分。我们都曾感觉：所学的教育新知（教育技术、教育理念、教育策略等）不能快速地转化为自我的东西，不能有效地为自己的工作服务。这是为什么呢？原因在于教育知识是习得其他知识的基础，当教育知识匮乏时，其他知识的习得便缺乏根基，其习得的速度和质量都相对低得多，并由此严重降低我们的专业发展自信。

专属于自我的教育知识，往往能为其他专业知识的习得保驾护航，促进其他知识在教育实践中充分发挥应有的作用。教育知识还可以理解成是自我发展中的生态性知识，只有当自我习得教育知识的生存环境变得和谐，能助推自己可持续发展，才可能给自我带来职场的舒心。

学科知识在我们知识结构中处于最核心的部分。学科知识主要指“教什么”的知识，学科教学知识指“怎样教”的知识。熟练掌握教材内容本是最基本的目标，结果却被不少教师理解成了终极目标。

学科知识不等于教材，超越教材才能提升学科知识。打破学科知识等于教材知识的观念，实为我们走向优秀，成为最棒教师的第一要务。要知道，教科书能在某一时间内保持相对的稳定，却不能和其学科知识的内涵等同，不同的学科知识往往存在着明显的层级。比如，适合小学一年级的一首儿歌，可以作为中学的教材，也可以作为大学甚至研究生学习的教材，只是不同的层级有不同的要求，相伴不同的理解与教授结果。所以，教师不同的学科知识发展观影响着学科知识的摄入量。

学科知识的习得是一个永远需要朝向更深层次挖掘的过程。探讨学科知识，需要我们有发展的学科知识理念、发展的教材观，并相伴创新的教与学。

学科知识主要包括：知识的内涵及多重表现、知识的发生和发展过程、知识之间的联系、知识所蕴含的学科思想和思维方式。如果能在这四个方面获得对于知识的深层理解、结构化组织、灵活转换与应用，我们就具备了比较完善的学科知识结构。

系统整理自己的学科知识，并在此基础上构建学科知识发展计划，是我们丰富学科知识的首要任务。在平常的工作中增长学科知识会减轻教学的压力，还会使我们轻松地走进教学，提高教学效率。需要指出的是，单纯强调学科知识并不能保证成功的教学，还应认真做好“作为科学的学科知识”向“作为教学内容的学科知识”的转化，并将学科知识和教学知识有机结合起来，将学科知识的深刻理解与教学的合理设计很好地结合起来。

学科教学知识是我们在教学过程中融合学科与教学而形成的知识，由所教学科知识转化成怎么教的知识。它是指经过教学实践逐渐形成的相对稳定的内化了的策略、技能，特有的、个性化的课堂组织模式、方式或方法，案例分析知识、情感态度价值观等，即具有一整套如何教学、分析教学和研究学生所具有的知识，统称为“教学知识”。

我们是发展学科教学知识的认识者，也是学科教学知识的直接生产者。这是一种知道怎么教的知识，它来源于我们对所教学科课程的“公共知识”的理解、概括与系统化，并通过与教育实践行为之间的不断互动、不断调整、不断否定与重生，而逐步内化为自己所拥有的、真正信奉并在实践中实际应用的知识。这种知识是一种内在的思想过程及其结果，存在于我们的头脑里，并通过实际的教学行为予以呈现。

学科教学知识属于我们专业知识的顶层设计部分，是我们精气神的反映。重构专业知识发展体系，主张“专而不限”。我们对综合素质发展有需求，但必须看到，自我拥有的学科知识（教什么）、学科教学知识（怎么教），其重要程度远远超越自我所掌握的学科内容知识对文本使用和讲解的影响。

实现从知识到认识的转化，学科知识才会转化为“我的教学内容”。理解学科教学知识，必须全面理解学科知识，这就涉及认识转化的过程。

在具体教学中，我们往往并不是以头脑中储存的学科知识的原始形式来进行，而是把学科知识转化为学生易于理解的、容易接受的学科教学知识。我们对学科知识拥有越多的表征方式，且能较好地了解学生的学习困难，就越能有效地发展自己的学科教学知识，实现学科知识向学科教学知识的转化。

要实现学科知识向学科教学知识的有效转化，促使自我学科教学知识的生成与发展，首要条件是对学科知识具有深刻的理解，这就要求我们从深度、广度、贯通度三方面来刻画它。

通识知识是非职业性和非专业性的知识，是一种关于人类兴趣的一般性知识。通识知识涵盖历史、文学、艺术、道德修养、自然科学、社会分析六大版块，只要真能涉足，便会达成古今会通、中西会通、文理会通、科哲会通，能集思想大成，彰显为师的灵性与情感交融。我们也往往能体现出博大风雅、博学文雅、博闻儒雅、博古典雅、举止优雅、志趣高雅之谦谦君子风度和具备远大眼光、通融识见、博雅精神、优美情感。我们若能博览群书，知自然人文，晓古今之事，博学多识，通权达变，通情达理，兼备多种才能，就能成为通才。

通识知识是专业知识外的知识储备，是我们社会生存适应能力的综合反映。因为有了广博的通识知识，我们的心灵更自由，发展更快捷，教育更显人性，我们的教学才会真正驶入发展的快车道。丰富通识知识，实是一种教育思想、一种教育理念、一种教育境界，其目的是努力让自己成为自由、和谐、全面发展的人。相对于专业知识而言，通识知识彰显的是“博通”，专业知识彰显的“精专”，通识知识与专业知识没有明确的界线，“博通”到一定程度以后，必须走向“精专”，但可以肯定的是，两者结合才能提高自我素质。

加强通识知识的习得，我们更应明白，它充分体现了老子“有之以为利，无之以为用”的思想。通识知识发展因其内含着“知识即美德”的价值观，能教会我们如何思考，培养我们的思考能力、条理性和智慧。通识知识的发展会教会你如何学习，它还会通过旧知识理清新知识，让笼统的知识增强创造性。通识教育为所有知识提供了背景，通识知识的发展会让我们看到事情的全部。通识知识的习得是“自求”的,不是“受”和“施”的，我们必须通过“自求”至“自得”，方才可能成为“至善”境界中的完整的人，为成为最棒的教师储备活水。

古典教育理论，阅读中传承

读经典，浸润思想，是最棒教师成长的必经之路。古典教育理论熠熠生辉，它照耀着我们的教育教学之路。学习这些理论，在传承中创新，是我们义不容辞的责任。

何谓古典教育理论？泛指在一定历史时期形成且流行的具有影响力的教育思想、制度和方法。传统教育理论经历着一个历史沿革的过程，从以孔子、苏格拉底为代表产生的古典教育理论，到以凯洛夫、魏书生为代表的超传统的教育理论，以及近年带有区域特色的创新教育、扬长教育等诸多革新，无不需要传承其精髓，引领我们的课堂教学。

对传统教育理论的吸纳，特别是对古典教育理论的传承，是一种源于“启发式”的问题意识和“讨论式”的创新意识的建构。

一、源于“启发式”的问题意识

古典教学理论都是在特定的历史条件下产生，并持续了相当长的一段时间，在特定的历史时期也曾对社会的发展与进步产生过一定的推动作用，且对当今的教育改革依旧产生着影响。审视古典教学理论，都有对应的教学模式，都有固定的教学步骤和明显的应试目标。比如受孔子教育思想与“启发式”教学的影响。

“启发式”问题意识的产生，莫过于重读《论语》，才能真正找到其源头，从中感知孔子及其弟子的言行，感知孔子的政治主张、伦理思想、道德观念及教育原则。再现几千年前的教育场景,《论语》是最好的资料。

通读《论语》，自然便会发现这实际上是一部早期的学案集。全面考究孔子的课堂，虽然无从知晓当时的自然物质环境，但从对话中让我们感知到孔子当年营造的精神文化环境。从所开启的对话式教学中，便可让人感知到正因为有一个自由、民主、开放的课堂环境，方才有师生彼此间敞开自己精神世界的过程。在《论语》的字里行间，无不让人感知到进行知识的交流、情感的传递和人生意义的分享。置身于宽松、和谐、充满创造性的课堂文化环境中，师生方才真正享受到课堂带来的乐趣。

从古至今，“启发式”的问题意识早已成为打开课堂之门的第一重钥匙。只要通过《论语》重现孔子当年教学的情景，自然便会在相应的经典语录里，让人们触摸和借鉴到几千年前的课堂教学目标的达成度、教学环节的清晰度，以及教学过程的开放度、学生学习的参与度和教学资源的生成度。

二、源于“讨论式”的创新意识

开启富有创新特质的教育行动，只要深入对苏格拉底式教学的对比，一种源于古典教育传承而构建的创新意识生成，自然便会找到其产生的渊源，最典型的莫过于苏格拉底式的“产婆术”。苏格拉底式教学最突出的特征在于他擅长人与人直面相对，通过相互砥砺产生影响的教育活动。他以自身的言行诠释了行动的价值和内涵，核心是鼓励人在对话性的环境中进行反思，在参与合作式思考中得到积极体验。因此，苏格拉底这种特有的“问答探讨式”特别适合培养学习者推理和探究能力的方法，帮助人达到丰富和充实生活的目的。

试想，孔子生在苏格拉底时代的古希腊，恐怕也仍然出不了柏拉图这样的学生。如果苏格拉底生在孔子时代的中国呢？恐怕也仍然出不了柏拉图这样的学生。

我国自古以来便注重从古典的教育理论中吸纳经验，传统教学理论有许多可贵之处，都已经在当下的教育践行中得以开发。古今教育之间的原理的距离并不遥远，更多的是一脉相承，只不过对应的教育理论等都是在尽可能地融入现实的实践中而升华其内涵。

我们今天的行动研究是要从古典教育理论中重新找回精华。借鉴苏格拉底讨论式教学，全面建构开放的课堂，让教学变得灵活，让学生的大脑得到解放，创新意识得到激发，从而于课堂教学中找到属于他们成长的真正天空与养分，在不断丰润自己的理论中成长为最棒的教师。

绘制好自己的阅读地图

阅读，可以一本正经地读，也可以随意而为之。但不管怎么读，没有一个方向，太过随意，自然无从收获，徒劳无功。没有人能随随便便成功。做最棒的教师，在阅读上也必须刻意而为之。这种刻意不是刁钻，而是有计划、有设想，就像绘制好自己的阅读地图一样。

2017年4月18日，中国新闻出版研究院公布了第十四次全国国民阅读调查的情况。调查显示，2016年我国成年国民各媒介综合阅读率为79.9%，较2015年的79.6%略有提升，数字化阅读方式的接触率为68.2%，较2015年的64.0%上升4.2个百分点，图书阅读率为58.8%，较2015年的58.4%上升0.4个百分点。2016年我国成年国民人均图书阅读量为7.86本，较2015年增加了0.02本。2016年手机阅读率达到66.1%，已经连续8年增长。

这是十分可喜的局面。在教师这一行业，读书的人也不少。但我们发现，碎片化的阅读依然占主流。这种阅读有些属于消遣式的阅读。这样的阅读方式，对自己的教育教学工作的指导作用有限。有时，还适得其反。

朱永新教授曾经说，一个人的阅读史就是他的精神发育史。对于教师来说，进行专业阅读是最经济、最有效的成长方式。但是，选择什么书来读，用什么方式读，却是值得思考的。

鲁迅先生在《给颜黎民的信》中提道："不过，只看一个人的著作，结果是不大好的：你就得不到多方面的优点。必须如蜜蜂一样，采过许多花，这才能酿出蜜来。倘若叮在一处，所得就非常有限，枯燥了……专看文学书，也不好的……其次是可以看看世界旅行记，借此就知道各处的人情风俗和物产。”不难看出，鲁迅先生在那个时候就为我们绘制出了阅读地图。对于教师来说，我们也应该绘制好自己的阅读地图。

翻阅魏智渊老师编著的《教师阅读地图》，他在其中提道：“教育作为专业领域，也拥有最合理的知识结构。”比如，一个教师拥有的本体性知识要占50%，专业知识占30%，人类基本知识占20%。当然，所谓本体性知识，“即所教学科的知识，是从事教育职业的人所必须具备的核心知识”。这个不难理解，语文教师对语文学科类的知识肯定要多学习一些。当然，专业知识应该是成为教师都必须具备的知识，相当于是所有教师需要共同学习的知识。而人类的基本知识则是指为人应该懂得的一些知识。魏老师在书中还提道，具体到教育中的不同领域，知识结构的比例也有差异。如班主任，教育管理知识占50%，专业知识占30%，人类基本知识占20%。如学科教师，本体性知识要占50%，专业知识占20%，人类基本知识占30%。在实际工作中，我们也确实感觉到，有着丰富的本体性知识的教师，在教学中旁征博引，游刃有余，学生在同样的单位时间内所接收的信息量相当大，这无疑对学生的学习影响巨大，学习成绩提高快，且学生的学习负担相对轻很多。

肯定地说，魏老师在书中所指出的教师知识结构比例是十分恰当的。如若比例失调，你要么成为“文学青年”，要么成为“理论型教师”，要么成为“启蒙型老师”，这对自己的教学、对学生的学习与成长都是极为不利的。教育家苏霍姆林斯基在《给教师的建议》一书中提道，一个历史老师上了一节精彩绝伦的课，一位听课老师问他：“您花了多少时间来备这节课？不止一个小时吧？”那位历史老师说：“对这节课，我准备了一辈子。而且，总的来说，对每一节课，我都是用终生的时间来备课的。不过，对这个课题的直接准备，或者说现场准备，只用了大约15分钟。”真正来说，15分钟备一节课，是不可思议的。但是，这是建立在他一辈子阅读的基础之上的，是与他一辈子开展合理的专业知识结构的阅读分不开的。

魏老师在书中倡导由浅入深地进行阅读，书中将专业书籍分为五类：第一类是案例型书籍（如《名师课堂实录》等）；第二类是经验型书籍（如《听王崧舟老师讲课》等）；第三类是分析型书籍（如《什么是最有效的教学》等）；第四类是原理型书籍（如《语文：表现与存在》等）；第五类是哲学型书籍（哲学大师的作品）。当然，教师在阅读中也会经历一个不断积蓄和成长的过程。在这个过程中，虽然知识结构比例不会变化，阅读的书籍却应该不断变化，以逐步迈上阅读名家大师专著的轨道。

对于阅读，教育家苏霍姆林斯基说："学校应该成为书籍的王国……教师要天天看书，终身以书籍为友，这是一天也不断流的潺潺小溪，它充实着思想的江河。"不难想象，一个不阅读的教师，对学生将会带来多么巨大的伤害，将会贻误多少孩子的成长。高万祥老师在《优秀教师的九堂必修课》一书中也提道："多一些书卷气，少一些烟酒味……一个真正的人应当在灵魂深处有一份精神宝藏，这就是他通宵达旦读过的一二百本好书。"所以，张老师在书中推荐教师要阅读以下五类书籍：以《论语》为代表的哲学著作；以苏霍姆林斯基著作为代表的教育学著作；《仁爱一生》和人物传记；小说；诗歌。为什么要读这些书，张老师在此书中有详尽的叙述。

每一个名师，他们都有着自己的阅读地图，都在进行着广泛的阅读，是阅读成就了他们。全国著名小学语文特级教师王崧舟老师自称在阅读上是个典型的杂家。他既读入世的书，如卡耐基的《积极的人生》，也读出世的书；既读教育类的书，如苏霍姆林斯基的《怎样培养真正的人》，也读非教育类的书，如范曾的《吟赏风雅》；语文专业的书，他也读得深入而系统，如王尚文的《语感论》、潘新和教授一百多万字的《语文：表现与存在》……

阅读，包括有声有图的阅读，如听广播、看电视，包括数字化阅读，如使用手机、平板电脑等，更多的是纸质阅读。但更有效的，也应该是纸质阅读。"回归纸质图书是一个世界性的潮流，美国、英国、法国目前都出现了类似的趋势，这些国家电子书的销售放缓，而纸质图书的销售稳步增长，中国也同样如此。数字化阅读虽然具有快捷方便的特点，但只适合快速的碎片化的浅阅读，传统的纸质阅读更适于系统的体系化的深阅读。读者对深阅读的需求不会消失，因此纸质图书就不会消失。在相当长的一段时间里，传统纸质图书和数字化阅读的方式仍将会并存。”身为教师，我们更应该与纸质阅读的方式有更加亲密的接触。

具体来说，因为每个教师的知识背景、阅历、已有的积累、阅读习惯、所任学科等方面的不同，大家具体该怎么读，该读些什么书，是不能一概而论的。但是，在合理配置好自己知识结构的同时，我们必须全面分析和审视自己，切实绘制好自己的阅读地图，并根据自己的阅读地图坚持不懈、井然有序地开展阅读，从中读出积累，读出收获，读出成长，读出对教育所应承担的责任。

摆好阅读的姿势

绘制好了阅读地图，解决了读什么书以及其比例的问题，但具体怎么读，却也是不可马虎的。不讲究读书的方法，快餐式的阅读终究无法让我们获得更丰厚的储备。厚积薄发，“腹有诗书气自华”与我们也是无缘的，更别说会成为最棒的教师。

有调查显示，教师的阅读数量呈上升趋势。但怎样阅读，以什么方式、什么心态去阅读，似乎更值得考究。教师的阅读，不能仅仅满足于“我读过”。因为今天呈现出来的阅读，大多是快餐式的阅读，是碎片化阅读。阅读在很大程度上只是“读”，却没有“阅”。二者的脱离是阅读未能在大脑中留下痕迹并转化为自己实践的重要原因之一。

先要读起来，所以，解决读的入门的问题，应该是很重要的问题。但入门之后，没有很好地落实读的后续行为，以至于徒劳无功。

有人提出，书可以“坐着读”“站着读”“躺着读”“趴着读”“跪着读”。毫无疑问，这道出了读书的姿态。面对一本本书，用这样的姿势去读，一定会有收获。当然，不是每一本书都把这些姿势全部融入进去。不同类型、不同作者、不同内容的书，所采用的姿势也是不尽相同的。总的来说，不管哪种姿势，只要读有所获，提升了自己，都是值得提倡的。除此之外，阅读还可以采纳以下的方式。

一、书，不仅在书柜里（书架上）

书，是用来阅读的，不是用来做装饰的。为了随时能阅读，想阅读时就能阅读，可以把书放置在家里的任何一个地方。

在沙发上、茶几上放几本书。下班回家，坐在沙发上休息，随手就拿起一本书来读。就这么翻上几页，与文字亲密接触，何尝不是一件快意的事。现在，不少家庭在装修时，就在沙发旁边做了个小书柜，也有的是在客厅电视柜旁边，或是电视墙那里安装一个简易的书架。可以说，这是一个不错的主意，不但装饰了客厅，更有机会美化自己的内心，可谓一举多得。

在床头放上几本书。睡觉前，翻上几页，阅读一两千字，感受文字的温度。这样的阅读很随意，但却有收获。说不定，在梦中，还能忆起文字描写的内容，那故事或许也能在梦中重演。

在餐桌旁，同样也可以放几本书，在等待家人煮饭的时间里，读上几句，和着飘来的饭香，一同进入大脑里，快意地消化，是非常美好的事情。

如果你爱读书，也不妨放几本在卫生间。坐在马桶上，静静地读上几页，或许比玩会儿手机要好得多。那种走进字里行间，与书中人物对话古今，任书中灵气浸润自己的精神家园，亲身感受智慧的气韵和力量，是多么的美妙！

二、让笔与书相伴

古人云：“不动笔墨不读书。”书中的精彩内容，需要动笔勾画，以便再次翻阅时，能回味当初阅读时的感觉。更可以思考，我当时为什么要勾下此句。再思考的过程，也是再收获的过程，这也就是所谓的“温故知新”吧。

在阅读过程中，当自己有感受时，还可以在书的旁边进行批注，将自己平时教育教学工作中的经验或教训，或者所经历的事情，积累下来，作为教育论文的素材。我在阅读时，常常有这样的感受，阅读到某些内容时，就突然想到自己的工作，并有记录下感受的冲动。于是，即时拟好题目和写作提纲。即使不能马上动笔写，也会在大脑里再理一遍思绪，并把书页折一下，或马上用手机将此书页拍下来，并及时用电脑进行整理。之后花上一两个晚上，一篇文章就写成了。

古人云："学贵有疑，小疑则小进，大疑则大进；疑者，觉悟之基也。"读书动笔，还在于在阅读中提出自己不懂的问题。这些问题即是课题，可以在日常的工作中去研究、去探索、去解决。同样也可以在后续的阅读中去寻求答案。这样来读书，自然会得到更多的收获。

三、带着思考去阅读

子曰："学而不思则罔，思而不学则殆。"书中的那些文字仅仅是进入眼睛，没有进入心里，没有理解文字所承载的内涵，没有由文字所描绘的内容产生联想，与大脑里过去的知识融合，不对其进行价值判断，那这种阅读是无效的。

阅读时，如果对书中的一切内容，不加选择地全盘接受，照单全收，那同样是没有思考的表征。阅读是与书中的文字、与作者展开对话的过程。试想，没有思考，那只能是信口开河。"非淡泊无以明志，非宁静无以致远。""静能生慧。"所以，在阅读时，心要宁静，这才便于思考。当我们准备阅读时，就让自己的心静下来，安安静静地读书，因为"阅读也是一件很安静也很个人的事情，孤独的人应该喜欢阅读，忧郁的人也是"。静静地行走于字里行间，与其相拥、相知，定然能生出一些奇思妙想，在脑海里成长起来。

带着思考去阅读，能发现藏在字里的含义，洞察文字深刻的本质，体会其真谛；带着思考去阅读，也即是带着怀疑去阅读，"尽信书，不如无书"；带着思考去阅读，自会读出属于自己的"哈姆雷特"；带着思考去阅读，也才能从书中读出自己；带着思考去阅读，我们所收获的往往会是我们所阅读文字的数倍。

四、不转化的阅读是无效的

现实生活中，不少喜欢读书的老师，穷其一生，也写不出一篇像样的文章来。这是多么可悲的事情。有人会问，摘抄算不算一种写。如果要算的话，那也是一种最低层次的写，因为这只是将书中的内容进行“复制粘贴”而已。这种写，仅仅是将铅字换个地方变成自己的钢笔字。这还不是真正意义上的写，因为这还不是创作。

叶圣陶先生说：“阅读是吸收，写作是倾吐。倾吐能否合于法度，显然与吸收有着密切的关系。单说写作如何是没有根的，要有根，就要追问阅读的程度。”大量的阅读之后，就像新陈代谢一样，我们还需要倾吐。当然，这倾吐也不完全等同于新陈代谢，因为这不是吐出无用之物，而是对自己的阅读进行转化。窦桂梅老师说：“当我们把教的、读的、感悟到的东西记下来时，就会发现，那些方块字促成了我们专业素养的提升，化成了教学的结晶和印记……写，改变你的课堂磁场，甚至改变你的生命属性。”王崧舟老师也说：“积淀是‘吸’，创生是‘呼’，在一呼一吸之间，你提升了读书的品质、更新了生命的能量，也因此成就了专业的精彩和卓越。读书的奥秘，全在‘呼吸’二字。”

阅读不转化，那你就只能是“两只脚的书橱”，是“驮着书的驴子”。大多数老师都怕写。其实，不是没有写的材料，而是没有经历一个从无到有、从有到精的过程。始终怕写，不敢写，所以到最后，依旧不能写。写作能力只有在写作中才能提升。所以，将阅读进行及时的转化，不断地转化，我们就能真正成为能读会写的老师。“语感”要在阅读和思考中增强，它同样也会在写作中提升。

“没有一艘船能像一本书，也没有一匹骏马能像一页跳跃着的诗行那样，把人带向远方。”（美国诗人艾米莉·狄金森）读书，给予我们精神生命以丰富的营养，给予我们前行的力量。摆好阅读的姿势，我们定然有诗、有梦、有远方，也才能为成为最棒的教师奠定坚实的基础。

第二节 践行：夯实专业之基

“读”霸暑假

有时间读书，才有时间收获，有时间成长。最棒的教师总是能有效利用时间去阅读、去思考、去发展，因为教师的教育教学过程应是一个不断提升和发展自我的过程。当然，其提升和发展的方式有很多，如实践、反思、培训、参与到教研共同体中等，其中更少不了读书。反思重在发现和改进，而其“发现和改进”是需要慧眼、慧心的，慧眼、慧心的具备必定与读书紧密相连。

教师不会独立存在于教育之中，因为教师也是社会中的人。教师除了教育教学工作，自然也会面临生活琐事、人际交往之事。在平时的教育教学中，除处理好本职工作之内的事情，还要处理其他事情，令教师的精力透支。平时他们还要抽出时间梳理当天的工作、有效开启转天的工作，自然，能让教师静下心来读书的时间和精力实在不多，即使有时间读，往往也读得不深入。

暑假期间教师少了来自教育教学工作方面的劳累，多了可以自由支配的时间，就可以静下心来，读一些自己喜欢的书。

暑假读书，把心融入文字中，让文字那泓清泉静静地涤荡已经浮躁和疲倦的心，让心更澄明。澄明的心底才更能复现昨日工作的点点滴滴。从那一文一字、那一段一篇中，定能发现个人昨日教育中的疏漏之处，或曾认为是自己的经验的偏谬之处，这是平时反思时所未能“看见”的。此时，因为文字的敲击，才醒了那思绪，才还原了那一段段真实的教育场景，才发现那却是早该纠正的。于是，拿起笔，记录下那些“错题”。在书中文字的点化下，穷其根、追其源，更探其解决的办法。如此，明天的工作才会少一些类似的错误，也才能引导学生走好他们生命中的每一段路。走入书的世界，天高地阔，一行行文字静静地在心底漫溯，融入生命的每一根血管，让躯体更多些推动教育的力气。

读出生命。生命不仅仅是活着，更在于充实。这充实是生命本质的充实，是生命内在的觉醒。而书，便为教师提供了充实生命和让生命觉醒的介质。暑假读书，淡化外物，由外而内，关注内心，抚慰灵魂。让那些有灵性的文字拂去物欲，冲掉浮躁，静静地流淌在血液里。只读专业书籍，不仅难以真正充实自我，为教育注入活力，更难以平静内心，让教育生命获取更丰富的营养。为师需要读杂书，哲学的、管理的、文学的一并与专业书籍一起摆上我的案头，让我与它们亲密接触，真正体会生命“在场”的快感。暑假里，倾听《诺贝尔奖获得者与儿童对话》，在《杜威教育名篇》里感受《教育大乾坤》《教育哲学》《善良丰富高贵》的心境；与于丹一起《重温最美古诗词》《趣品人生》,感悟《〈论语〉心得》《〈庄子〉心得》，尽心地《跟孔子学当老师》；《在与众不同的教室里》和王崧舟老师一起享受《诗意语文》，享受潘新和教授讲述的《语文：表现与存在》的理论大餐，享受《瓦尔登湖》的宁静……

三毛说：“书读多了，容颜自然改变。许多时候，自己可能以为看过的书都成了过眼烟云，不复记忆，其实它们仍是潜在的。在气质里，在谈吐上，在胸襟的无涯，当然也可能显露在生活和文字中。”暑假读书，定会如三毛所说，会慢慢地改变自我。

伏天读书如饮甘泉。正是一年炎夏时,饱读书籍润灵魂。“读”霸暑假，敞开生命，读出觉醒，读出一个美丽的明天，读出最棒的教师。

在书香中成长

教师成长，书香是营养，最棒的教师更是需要书香的滋养。更多的时候,我们却只有利用业余时间,与书相伴。所以,从工作的劳累中走出来，一段业余时光便拥入怀中，这是我们可以自由利用的时间。

拨开夜幕走进去，邀约灯光看过来。坐在那简陋的书桌旁，摊开一片宁静，心便徜徉在那片“海洋”上。“海洋”的活水洗去白日的浮躁，此时心无旁骛。捧起一本书，便捧起了一个“世界”，如止水般的心静静地享受文字的温度，感受文化与文明的厚重。眼睛不是“逐行扫描”，而是“走”进了字里行间，“嗅”着铅字的美味，触摸文字的脉搏，与其共呼吸，感受“吐故纳新”之快慰。

在书桌前，翻开一片智慧的原野，心便乘上智慧的列车，驰骋在书的大草原上，享受鲜嫩的“牧草”。与书中人物对话古今，任书中灵气浸润精神家园，亲身感受智慧的气韵和力量。任想象的翅膀拍打站立的方块字，碰撞出智慧的火花，点燃我沉睡的梦想。用梦想去劈波斩浪，勇敢地走过人生的每一天。

在书的海洋里，守住一份孤独，守住一片宁静的港湾，在书中潜心；守望静谧，洗尽铅华，在书中静心养“气”；嗅着沁脾的书香，乘着飞扬的思绪，从书里吸足成长的底气……走出书的世界，尽添驰骋教育天地的力气。

寒来暑往，四季更替，一本本书静静地走过我生命的每一个日子。深夜静心倾听大教育家苏霍姆林斯基讲《给教师的建议》。当这些都定格成我的追求时，《给教师的一百条新建议》又扑入眼帘，让我真切地感受到，教师唯有《不跪着教书》，才会有《给我一个班，我就心满意足了》的超越。听人教社小语室主任崔峦主编讲小学语文教学的真谛——《求是·崇实·鼎新》，然后《听窦桂梅老师讲课》，体悟“主题教学”的精髓，感受“为生命奠基”的博大与厚重。品味《教育故事》里的教育智慧，和《派往明天的教师》一起感受《世界是平的》。因为《心会看见》，所以，在《生命化教育》里《守候阳光》，轻轻拨动《飘着花香的琴弦》，让智慧《在教育的原野上放牧》，感受《教师研究的意蕴》。掬一捧捧《荒漠甘泉》《与成功有约》，而后《走在教育的路上》，和王金战老师一起研究《英才是怎样造就的》。从《历史的经验》里走出来，我又跌入《新教育之梦》里，亲历《智慧型教师的诞生》全过程，然后自豪地《做一个幸福的教师》……

“躲进小楼成一统，管它冬夏与春秋。”书桌上，书、笔、笔记本安静地依偎在一起，是那么的温馨、那么的和谐。几页书香常常链接起了我的思考、我的实践，于是，不断地拿起笔耕耘一段段美妙的灵感。读《松下幸之助》，写出《向松下幸之助学管理》发表在《山西教育（学校管理）》；读《陶行知文集》，写出《社会生活是口语交际的“根”》发表在《基础教育课程》；读《给教师的建议》，写出《班主任要反弹琵琶》发表在《现代教育报》；读《走进新课程》，写出《别让“紧箍咒”箍住了学生》发表在《中国教育报》……一篇篇文章从我耕耘的那片天地里“生长”出来，插上翅膀“飞”了出去，飞过大江大河，飞过高山原野，变成了铅字。《中国教育报》《中国教师报》《北京教育》《中小学校长》《校长参考》《今日教育》《河北教育》《班主任之友》等几十种报刊相拥而来。

在小小的书房里，“一页页书香”滋养了我贫瘠的教育之梦，滋养了我成为最棒教师的梦！

今夜，我又捧起书

胡适先生说：“人与人的区别在于八小时之外如何运用。”最棒的教师是善于利用时间的人，尤其是善于利用业余时间去学习。

红日垂暮，夜，来临了。各家的灯次第亮起来，让黑夜少了些神秘。又一段业余时间如期而至。

想起好久以前未写完的一篇文章，便忙打开，许久也未曾续写出半句话。连日来忙于应付各项检查，不停地整理资料已让我疲惫不堪。算了，关上电脑去睡觉。

躺在床上，辗转反侧，努力使自己的心静下来，却总是事与愿违。未写完的那篇文章却总在眼前闪烁——往日几千字都能一气呵成，而今即使敲碎键盘也打不出半句话。这是怎么了？

翻身下床，坐在书桌前，看着新买回的几本书，才想起，好几天不曾读书了。捧起书，猛然间便想起最近无从着笔的原因是书读少了，缺少积累而导致“木无本则枯，水无源则竭”。难怪有人请教欧阳修写文章的秘诀，欧阳修说：“无它术，唯勤读书而多为之，自工。”看来，是该读书了，因为唯有勤读书，才能“胸藏万汇凭吞吐，笔有千钧任翕张”（郭沫若诗句）！

《绝妙小小说》里的那些超短篇小说让我抖起了精神，那意料之外、情理之中的情节更是活跃了我的性情。真有“精妙处，忍不住击节叫好；伤感处，止不住眼泪婆娑；激荡处，耐不住拍案而起；谐趣处，憋不住哑然失笑”的感觉。一个个跳跃着的汉字仿佛妙龄少女般楚楚动人，让我的眼睛也为之一亮；一个个汉字犹如一个个萤火虫，陡然增加了我心灵的亮度，仿佛房间也跟着亮了起来。

放下这本书，我又捧起《教育是慢的艺术》。张文质先生的一篇篇教育演讲稿，就像是在与我亲切对话。读着读着，书就如肥沃的田野，字里行间汩汩流出浓浓的养料，在我心的原野里慢慢地浸润。此时，书本仿佛为我补充了活性钙一样，我的腰陡然直了起来。哦，许久不曾有这种直起来的感觉了，真好！渐渐地，心也宽了起来。宽宽的心地里仿佛能容下天地似的。书里自有乾坤大，看来一点儿不假。

今夜，我又捧起书，我仿佛捧起了一个世界——一个清净的世界，一个丰富的世界，一个不厌其烦的世界，一个可以包容世界的世界。诗人韦应物写道：“怀君属秋夜，散步咏凉天。空山松子落，幽人应未眠。”走入这个世界，静静地触摸着文字的脉搏，享受着文字的温度，心里从没有像现在这样宁静，犹如止水一般。尘俗也已远去，心中如有清泉长流。那份空灵与幽远、那份恬适与淡雅在心里慢慢地扩散开去，一如古人“幽窗夜自吟”的充实与安详。也如明代于谦说的那样：“书卷多情似故人，晨昏忧乐每相亲。眼前直下三千字，胸中全无一点尘。”置身这个世界，感觉人生不再苦短，岁月更加充实，人生的厚度在渐渐增加。人生有幸相约这个世界，增添的是力量，增强的是信心。

席勒说：“一本书像一艘船，带领我们从狭隘的地方，驶向生活的无限广阔的海洋。”再一次享受读书的滋味，才发现书竟是那样的博大、悠远。我读书，我静思，不觉抬头望了望窗外。啊，夜空高远而宁静，我的思绪也随之飞到九霄云外，与明月嬉戏，真有“一轮皓月当空照，千江有水千江月”的旷达。

今夜，我捧起书，我捧起的是一个崭新的明天。一种久违的感觉涌上心头，心中荡漾起的激情让这个夜晚从此在心里定格成永恒。孔子说：“君子博学于文，约之以礼，亦可以弗畔矣夫！”课堂的精彩得力于课后的充实、课后的努力和课后的辛勤。“学愈博，思愈远。”是啊，唯有今夜的读书、今夜的充实，在明天的课上我才能站得直，才能旁征博引，才能游刃有余。苏霍姆林斯基在《帕夫雷什中学》一书中说：“教育——首先是关心备至地、深思熟虑地、小心翼翼地触及年轻的心灵。要掌握这一门艺术，就必须多读书、多思考。”今夜捧起书，我读出的是对教育的关怀、对生命的关爱。今天的读书与明天的教育是一个良性循环，因为离开了自我的阅读积累，明天的课堂肯定涛声依旧，而且更是索然无味。而静夜饱读，才会有一个多彩的明天款款而来。

今夜，我又捧起书，心与伟大的智慧碰撞出的火花清洗了我连日来的劳累，心不再疲惫，也不再遥远。

今夜，我又捧起书。人生在世，“饭可以一日不吃，觉可以一日不睡，书不可以一日不读”（毛泽东）。孔子说：“十室之邑，必有忠信如丘者焉，不如丘之好学也……吾尝终日而不食，终夜不寝，以思，无益。不如学也。”（《论语·公冶长》）是啊，无论多忙，我都需要无数个今夜的延续，一直到我成为最棒的教师！

是“功利心”让我爱上读书

阅读，或许我们都带着一定的目的。但不管什么目的，即使是针对“颜如玉”“黄金屋”去阅读，只要上了路，只要方法对，就一定能遇上好收成，成为最棒的教师。我小时候的阅读，却是因为“功利心”所致。

读小学时，语文书里的课文几乎让我们全背下来了。那时候没有其他书可读，学校的图书室里只有些小人书，也早被我们翻了个遍。

没有书的日子里，有些无聊。不知何时，我们迷上了搜集烟纸盒。那些抽烟的人常被我们“跟踪”，只要他的烟抽完，扔下烟纸盒，我们就捡起来高兴地跑开。然后，抽掉里面的锡箔纸，再将烟纸盒轻轻地撕开夹进书里。没事时,我们常常要盘点自己的那些烟纸盒,看着“大前门”“黄果树瀑布”等,总要美美地欣赏上一阵子,然后“读”着上面的风景和建筑,一任想象自由地飞一会儿。

后来，便听大人讲神话传说、民间故事，这是那个时候最带劲儿的事情了。尤其是夏夜乘凉时,总能听到好多这样的故事,我差不多是在“读”着故事中入睡的。有一天，我听到了一个近乎爆炸性的新闻。说是一个学生偶然读到了一张报纸，他读了报纸上的一个什么内容，结果高考语文的作文题目刚好就是他读到的内容。那时恢复高考才几年，考上大学无异于爆炸新闻。但也正是听了这个新闻，我便从此开始关注起报纸来，期待哪一天我也能有如此的幸运。

那时候能读到的报纸，主要来源于家里买面条带的旧报纸。家里的那些裹面条的旧报纸总会被我读上好几遍，没事的时候就跟着大人到面坊去，为的就是去读报纸。从报纸上，不但读到了许多新闻，还读到了许多文章，那是比语文书更大的一个世界。

尽管生活在闭塞的小山村，生活在那个贫穷落后的年代，但读报让我开阔了眼界，收获了许许多多的知识，小学毕业，竟也从一所村校考上了区重点中学。在中学里，虽然学习紧张，但仍喜欢读书，只是那个时候读的书都与考试有关。但是，因为有原来读报的习惯和收获，让我的阅读能够触类旁通，学习轻松了许多。这自然也有时间去阅读更多的书（多是向同学借），甚至能读到一些名著（《红楼梦》等）。因为阅读的助力，在那个竞争激烈的年代，初中毕业，我也顺利地考上了师范学校。读师范时，读到了自己想读的书，尤其是关于诗歌方面的书。那个时候，一本厚厚的诗集虽然不足两元，但也得节衣缩食才能买上。那几年的《青年诗选》《中国新诗年编》是必买的书。虽然一路读下来，文学梦没实现，但读书的路却一直在走，也因为读文学类的书，对语言文字的敏感性也大大增强。

参加工作后，书的来源更少。在山村工作，就只能读到从邮局订阅的教学杂志。偶尔和几个同事去县城，总要从旧书摊上淘几本好书，然后再到新华书店读上一阵子，之后再买一两本（那时没余钱买更多的书）。山村的夜晚很静，加上那个时候又没有电视、网络等媒体，正适合读书。在孤灯下，就着一杯清茶，翻着泛黄的书页，慢慢地品味着。与每一个文字轻舞，任想象远游。从书里走出来，再睡个好觉，第二天的工作特别有精神。

“年年岁岁花相似，岁岁年年读有获。”四季匆匆而过，读书马不停蹄。手不释卷，收获尽在阅读中。

冬夜，寒风撞击着窗玻璃，但它却吹不进人的梦里。一本好书捧在手，“任尔东西南北风”。灯下，手捧一本好书，字字入眼帘，浸润着思绪，一行一行的字里，温馨四溢，心里满是温暖，梦里梦外皆是书香。冬夜读书，触摸的不仅是文字的心跳，享受的更是语言的热度。

严冬过后，春寒料峭，春季读书别有一番滋味。一个不读书的人和民族是没有希望的。没有希望的人生没有前途，生命就会打折扣。读书让生命生发许多希望，有希望的生命是美丽的。与文字相拥的日子里，跃动的汉字如一颗颗充满希望的种子，心里种下的是秋天的微笑。

“夏风草木熏，生机自欣欣。小立池塘侧，荷香隔岸闻。”（郭熙《四时之风》）诗里的夏天多了些暑气，但更多荷香。端坐书桌前，在酷热里读书，读出的何止是荷香，生命因书香而宁静。宁静的心一如大海般宽阔，生命的小船在其中自信而自由地畅游。遨游书海，与名家大师对话，与高尚的人格交流，心里陡增了无限力量。都说“宁静致远”，夏夜读书，让我真正品味到了这样的境界。

读书益智，读书养心。“秋风杂秋雨，夜凉添几许。”（郭熙《四时之风》）秋夜读书，凉意里生暖意，字字入心，收获入梦。一路读来，一路思考，一路播种，一路收获，生命的羽翼渐渐丰满。

……

日子就这样过着，书陪伴着我走过了那段难忘的岁月。书读多了，也点燃了心中的写作欲望。时不时地拿起笔来，记录下自己的教育碎思。

进城后，发表的文章越来越多。2006年，我参与了网友钟发全发起的“教育原规则研究”，也因此参编了二十多本教育专著，还出版了自己的专著。这样一来，常常会收到稿费。于是，我便将大部分稿费用来买书。所接触的书更多了，阅读渐渐地成为我的一种生活方式。每当工作停下来，首要的事情便是读书。捧一本散文集，品读“大家”的优美文字，脑细胞似乎一下子被激活了，手也似乎来了灵性，忍不住在书上写下了自己的感受。那一句句话语就如我的老朋友一般，总想与它们寒暄几句。

合上书，我闭上双眼，静静地享受着那些文字撞击心扉的快感，忙碌的工作带来的疲惫被这久违的文字一点点地化解，只在心里留下了四个字——充实、幸福。睁开眼，感觉全身突然生出一种力量。再翻开那教育专著，大师的思想再次在我的眼前弥散开来。

就这样，在一个个孤灯相伴的夜里，抛开城市的喧嚣，“躲进小楼成一统，管它冬夏与春秋”，一本本书不断地走进我的生活，不断地为我的成长补给营养。与文字相遇，没有孤独，只有相恋。把时间交给书籍，让心灵与文字共舞，然后静静地享受其中的温度、风景、境界和营养。徜徉在书的世界里，每个日子都是阳光灿烂，都如天空般辽阔，成长铺满整个行程。畅游书的海洋，尘俗远去，心中如有清泉长流。明代诗人于谦《观书》:“书卷多情似故人，晨昏忧乐每相亲。眼前直下三千字，胸次全无一点尘。”一个个充满灵性的文字，荡涤了浮躁，擦去了功利，让岁月更加充实。

不曾想到，带着“功利心”走进阅读，却在与文字相遇相伴相知的岁月里，渐渐地远离了功利。我也发现，很多事情，不是因为有了兴趣才去做，而是去做了，才感受到了其中的乐趣，才爱上了，才越做越好。不是吗？“只要上了路，就天天走，总会遇到隆重的庆典。”（因为阅读，因为学习，因为思考，让我得以在许多年前就评上了“小中高”，即现在的中小学高级教师）读书已然融入了我的生命，改变了生命的行走方式，也让我的成长时时充满了正能量，助我成为最棒的教师。

第二章　管理，增智慧

1. 可以说，我们每个人都是管理者，也是被管理者。每个教师一生都面临着许许多多的管理之事。管理自我，管理学生，管理学校，管理时间。做好管理者，成为最棒的教师是指日可待的事情。

2. 首先来说，我们是有组织的人。修炼自己的组织素养，得到组织的支持与垂青，方能为自己赢得更多的发展机会。不管处于什么岗位，我们都应该学一些管理之道。即使不是校长，也应该学一些学校管理，从而推及自己的班级管理、课堂管理，并有助于我们向最棒教师靠近。

3. 因为教师是要直面学生的，所以，学好班级管理，提升自己的智慧和教育管理能力，使学生健康成长，让学生因遇到我们而感到幸运。

第一节　组织层面，修管理之能

尽心修炼组织素养

教师若缺乏组织素养的支撑，便难有大发展。组织素养即有获得组织支持的素养。缺乏组织素养，自然少有获得组织的支持，就很容易失败。修炼组织素养，为壮大最棒教师队伍而努力。

我们是自然人，也是社会人，组织是社会群体中的最小单元，人又是组织单元中最核心的成分。如若在全面提升心理素养与专业素养的同时，让组织素养变得更强大，定然会成为教育领域里的成功人士。

组织内化

组织内化的过程是组织素养修炼的过程。组织素养的修炼，更多的人都只停留在早期的家庭教育时所形成的水平之上，这便成为影响一个人向着更大更高平台发展的瓶颈。

组织的特性是对组织内的一切力量的保护，得到组织的支持，是现代人能否得到发展的一个必然条件。世界从没有独立于组织之外的人。每个人只有真正得到组织资源的支持，才会真正有实质的意义产生。教师的所有素养中，组织素养几乎成为发展过程中最紧缺的资源。

组织内化，一是围绕自我的发展需要，参与已形成一定规模的组织，二是结合自我的特色需求，创建新的组织。组织素养的形成依旧需要我们除了对其功能有所觉悟，同时也需要对其特性有所了解，组织素养并不是先天形成，必须是经过后天有意或无意的接受点化方才可形成的一种较独立的素养，其拥有素养的强弱可以通过其性格特征而觉察到。

常规组织

组织是什么？组织是社会的单元、发展的平台、幸福的港湾、力量的源泉。组织可以分为常规组织和非常规组织。常规组织通常是家庭、工作（学习）单位等具有血缘和或职场亲缘关系的人群所建立的小型社会单元，非常规组织主要是由有共同的理想、信仰和兴趣爱好而组建起来的社会单元。常规组织对于一个人的生存、发展发挥作用，能满足组织内成员的生活、物质、工作（学习）等的基本需求，非常规组织是对一个人的精神、意志发挥作用，以保证组织内成员超越性需求的满足。

我们职前的常规组织主要是家庭，职后的常规组织主要是学校。学校对我们的影响处于主导层面，家庭的影响处于辅助层面。我们身在职场中有没有获得职场的发展，组织素养往往发挥着决定性的作用。

家庭，意志体现于人性，无条件地支持；学校，意志体现于权威，有条件地支持。对于任何组织的理解，最好的办法便是判断其是否促进一个人的发展，是否给予一个人发展的机会与平台，是否给予一个人体现人生价值与意义的舞台。

教师组织素养的提升通常可以分成三个阶段，即初始阶段、中坚阶段、高级发展阶段。三个阶段并不是独立进行提升，往往没有明显的界限。但必须注意的是，组织素养的提升不只是一种态度，只有擅于抓住关键的人、事和物，方才不会出现妄想症，从而变得更加求真、务实和发展。

非常规组织

职前阶段参加的少年先锋队及共青团等，通过自我主动要求参与，而后获得这些组织的身份认定，幼小者的信仰意志便得到了引领。职前参与的非常规组织更多的是随着年龄的增长而较大众化的一些组织，对于人生的影响随着年龄的增长会逐渐淡化，关键在于职后的非常规组织，诸如党派、学会、沙龙及网络 QQ 群等。我们是否具有强大的组织素养，参与的非常规组织以及在其中得到的身份认定的层级，便是其最有效的评判依据。

我们是否得到发展，掌握的知识影响只占 15% 左右，更多的还在于其他因素。身为教师是否得到发展，其实常规的专业知识更多的于职前便已固定，没有得到发展的主要原因在于组织素养的缺乏，导致人生成长的过程中没有得到非常规组织的帮扶。

我们应该向非常规组织靠拢，并用自我的努力和智慧，向非常规组织表态，得到非常规组织身份的认定，便是对其努力的物化和奖赏。

底线

组织素养修炼过程对于底线意识建构的影响，是一个明显的特征。

任何组织素养的核心点都是发展，主题都离不开人性——社会组织所产生的规范和利益的反映，任何发展的目的便是对组织内成员的保护。组织素养修炼的过程是伦理取舍的体现。

组织内需要的依旧是服从，服从是最大的善，不服从是最大的恶，不可宽恕的行为是反抗。有的专家直接给教师的建议："不要反对你的校长。当你反对你的校长，又总在教师群体中寻找帮凶时，你已经无可救药。"

其实，服从并不是唯唯诺诺，更多的是尊重，并不是对抗，需要的是为了组织的发展，给出积极的建议和应有的力量，这样方才可能得到组织内的认定。

全面提升自我的组织素养，一是获得权威的支持。教师在职场并非独立于社会而存在，作为社会人，我们在努力工作的同时，如果想获得更大的发展空间，向权威靠拢是解决现实问题的最佳办法。特别是通过努力得到权威的积极评价，他人便会对你的组织内身份积极接纳，自然，工作便会更加顺利。这里依旧涉及权威与发展的话题，更多的发展事例证明，一个人先接受权威的支撑，而后再自由发展，这样的路走起来更为平坦。其实，获得权威的支持，需要对权威的尊重而不是对权威的挑战，最需要的是主动靠近，得到其认可。

二是防止成为敌对对象。几千年来形成的文人相轻的现象依旧存在，最终表现为一种自以为是的举止，这对一个人的发展是非常不利的。组织素养的修炼，除了让自我得到发展外，同时也应让自我得到保护。当自我依旧还处于一个相对弱小的阶段时，要积极参与组织，被作为可培养与理解的对象，这样方能让自己成长的路更顺，让自我身上的全部潜能被激发。

加强自我管理，保持自我和谐

当今世界，诱惑太多。加强自我管理，积蓄更厚重的底气，才有可能成为最棒的教师。

提高自我素养，如果没将自我发展与学生发展同时纳入发展的双主体，就只能成为空想。最棒的教师趋向自我实现时，除了自我发展的技巧与方法、从觉悟到价值认定再到方向把控，还需要良序发展。

自我实现的核心观念在于自我管理。在自我管理中，首先需要调整自我的心理定位，才会让教师自我发展成为成长的佐证。讲究章法是卓越教师修炼最基本的要求。当前，整个教师的发展处于无序状态，教师最需要从无序状态调整至有序状态。这种调节就是实现自我管理的过程。

人只有开始寻求管理自我人生的潜在动机，他才能发现自身潜在的力量，成为一个真正的人。素质提升的秩序，最基本的要求是“入格”。素质发展至最后大成需要特殊照料的过程。真正能达到自我管理，有序提升自我素养，需要将自我素养置入人生中的重要位置。

素质发展是连续的过程，前述高峰体验过程只是成长中的一瞬，整个过程是由许多次微小进展一点一点积累起来的。必须认清自我的需求并能真正分清孰轻孰重，才能真正把自我素养纳入发展之“格”。

调整发展秩序，达到无我与忘我，这绝对与前期的认知准备有密切关联，真正要改变这种忽视发展的现状，必须全面认清自我底细，才不至于让教师自我素养的发展始终处于计划之外。

最棒的教师有非常强烈的内在需求，这种需求是马斯洛需求层次理论中的最高层次——“自我实现”。

回顾教师发展的历程，可知自我发展需求具有内在性特征。从很多优秀教师的发展历程看，对于工作的热情，都源自他内在的需要和自觉主动的行为。

没有发展，往往会处于无序状态。让自我快速进入发展状态，往往会经历无序到有序的过程，但必须通过自我管理来实现。个人素养发展的实质，是已经找到适合个人发展的秩序。我们如无专业发展，很大程度上在于发展秩序紊乱。回顾每一位教师的发展，可知其所得的一切皆可追溯到昨天的抉择。同理，今天的选择便可预测明天的结局。因此，实现自我管理，把控自我实现的发展秩序尤为重要。

实现自我管理，是有讲究的。一个人的发展，预设的目标往往是一个集合，由多个子集（追求）组成。然而，集合是没有秩序的，特别是子集过多时更易忽视孰为重点。纵观名师的人生轨迹可知，我们如果想要大发展，自我的心理需求最好不要超过三件，目标越少成功几率越大。只有一心想着素养发展，走专业化成长之路，目标专一，成才速度才会大大加快。

很多时候，我们心中的需求很多，但最根本的只有两个：一是教书育人，这是职业与职责所在；另一个是实现专业化成长。当下众教师心中可能只有对育人这一天职的理解，几乎忘记自我发展，忘记让发展成为自我的需求。没有在改造客观世界中有改造主观世界的逻辑秩序，怎会涅槃重生，又怎能破茧成蝶呢?

不能再让自我处于混沌状态之中。作为不断前行的教师，只有认识到自己发展的重要性，明白朝什么方向发展，才有可能成为职场内内驱动力强大的人。这不是主观唯心的先验论，而是精神反作用力的辩证法。当然，更多的教师不会从根本上去找不足，不会去重新审视自我走过的路，不能真正在醒悟中重新调整自己的努力方向，当我们深感教育乏力的时候，更应停下匆忙前行的脚步，做短暂的休整；当我们备感压力与恐惧的时候，就需将视野转向对自我素养的追求，如此才可能行其正道。

立志于教育事业，我们需要让自己强大起来。一心想要自我发展，自然会滑向高速运转的轨道，因为自我价值与力量会随着专业成长有序的推进而增长。调整自我的目标，理顺自我前行的秩序，最困难的是绝大多数教师不敢想远大的未来。倘能察己之弱，而且相信“唯有努力与耐心才能让力量得到增强”，并全力以赴，必将成为教育界的强者。现实最需要的是能围绕目标无所畏惧地尝试，能在不断前行中寻求到自我发展的秩序。秩序的植入，使我们因此获得持续前行的力量。这不但能使教师教育教学中解决问题的能力日渐增长，而且自我的专业发展水平也能有所提高。更为重要的是，因为价值与力量的增长，也会使教师自我的心态发生变化，从而把自己列入强者的行列。

我们需要从现在开始清除怀疑与害怕，促进自我实现。怀疑与害怕是前行中的大敌，会瓦解一个人的斗志。在前行的过程中，如果能征服怀疑与害怕，就等于征服了失败。所以，我们除了应该仔细审视当前的教育秩序变革，仔细审视自己的内心渴望，还应勇往直前，有做英雄的决心和雄心。一直如此地坚持和坚守下去，便会发现自己已获得真正意义上的蜕变，成为有为之师，成为最棒的教师。

修炼安全意识，保持学校常安

最棒的教师不是两耳不闻窗外事，一心只教圣贤书的人。修炼管理能力，需要同时关注学校管理，将学校管理、自我管理和班级管理有机结合起来，我们在自己的教育天地里才能如鱼得水。尤其是安全管理方面，我们更要借其经验来助一个个生命健康成长。

学校管理，尤其是安全，仅仅是管还非常不够。学校的安全管理，不仅在“管”，而且重在“理”。“管”是显性的，而“理”则是隐性的。没有隐性的“理”，显性的“管”也没多大效果。日日讲，只能说明管理者引起了重视，有没有引起被管理者的重视，却是个未知数。安全管理必须触及所有教师的灵魂，当然也包括所有学生的灵魂，才算真正落到了实处。

安全不只时时挂在嘴上，还要印在心上，更要刻于脑中。学校的安全管理需融入学生在校生活的每一天。教育学生掌握基本安全知识，培养学生的安全意识和提高学生自我安全防范意识是安全管理的关键。教师自身也需要有足够的安全防范意识，有关爱学生生命的意识，如此才能真正有相应的行动。所以，校长更应从全局入手，宏观调控，微观把握，强化隐性的“理”。

安全事故有时是防不胜防，往往一念之瞬，片刻之间，事故便发生。

某校，课间休息。不少学生趴在教室外边的铁栏杆上休息，有位女生站在走廊边的栏杆旁看远方。这时，几个男生在走道上追跑打闹，不小心撞着了这位女生。她当即从二楼的铁栏杆上栽了下去。下面是一个花台，一个高年级男生正坐在花台边上。这位女生刚好掉在他身上，女生只受了点儿惊吓，但男生的头因碰在花台沿上，造成轻微脑震荡，共花去医药费万余元。因为没有当场抓住追跑打闹的学生，学校和那位女生家长只好按比例赔了男生的医药费，连带其他赔偿共计三万余元。

追跑打闹的学生显然没有安全意识，才导致了这起安全事故的发生。

我想，不是学校没讲，是没有引起学生足够的重视。现在，很多学校也十分重视“安全教育”，但这种教育进入了一个“误区”，认为只要我讲了，我就没有责任。这是片面的，也是不负责任的表现。这种停留在口头上的讲，虽然经常在进行，但学生听了，也只当是风吹过，左耳进、右耳出，没有实效。这样的安全管理也仅仅是停留在“管”的层面上，做的是表面文章。校长与教师也绷紧了“安全”这根弦，但这根“弦”却没有足够的韧性，所以一“碰”就“断”了。

学校的安全管理，讲是必要的，也是不可少的，但更重要的是要开展丰富多彩的活动，让学生在活动中体验、在活动中感受、在活动中收获，在活动中增强他们的安全意识，提高防范意识。校长应根据学校的实际情况布置相关的安全教育实践活动，搭建多种平台，提供必要的支持，并时时检查活动开展情况。如遇到火灾等事故，如何安全逃生；上下楼道如何走，班主任应带领学生亲自到楼道上给予指导，而不只是在教室里讲；也可观看相关的校园安全教育专题片，用安全事故案例来教育学生，以震撼他们的心灵……所以，学校的安全管理是全方位的，校长是安全管理的主心骨。

A校在一年的国庆长假放假之时，老师们布置好了学生假期作业，班主任强调了回家路上及假期中的安全后，学生便离校了，教师则集中开会。开会过程中，校长接到了电话，有15个学生搭乘的一辆三轮货车翻到了路边的沟里。校长迅速带领所有教师赶往出事现场，并拨打110及镇卫生院的急救电话。幸好出事现场离医院不远，所有出事学生在村民及教师的帮助下迅速被送往医院。安顿好了这些学生后，校长立即命令相关班主任给家长打电话或捎信，让他们来医院。与此同时，校长向上级主管部门反映了此事。两个小时后，事态稳定，除司机经抢救无效死亡外，15个学生中，有5名学生重伤住院，其余学生无大碍，当晚就被家长领回去了。主管部门立即派人来现场了解了此事，并于第二天又派人到学校具体调查此事，走访部分学生和家长，查看了学校的记录。结论是，学校虽然重视安全教育，但出现了安全事故仍有不可推卸的责任，所以，除保险公司赔偿外，学校也赔偿了三万五千多元。

加强安全教育，需入教师的心。教师是安全管理的直接责任人，教师的安全素养如何，直接影响全校安全教育的成果。所以，学校也应定期组织全体教师参加安全教育培训，观看相关专题片，让教师从心底里引起重视。必要时也可与教师签订“安全目标责任书”，与奖惩挂钩，并实行评职晋级，评优选模一票否决制，以此督促教师加强对课余、课间活动中学生的安全管理。学校应制定相应的安全管理考核细则，跟踪检查老师们对学生活动的安全管理情况。当然，学校方方面面的安全管理必须分工明确，责任到人。对于学校的安全管理，校长进行宏观管理，分块负责，明确职责，各司其职，保障学校安全教育工作真正落到实处。此外,安全事故应急预案必须翔实、切实,有较强的操作性。真正深入人心，教师才能各司其能，把安全教育真正落到实处，使每个学生都有极强的安全意识，从而尽可能地避免安全事故的发生。

安全管理与安全教育从意识到行动都应和谐统一，常保学校及师生平安，使学校在平安中稳步发展。

制度与人文必须共存才能共赢

最棒的教师在班级管理中也会加强制度建设。但过于重制度，会置人性于不顾，管理效果也会打折扣。学习学校管理中的经验为自己所用，将人性与制度相融合，为学生成长送去春风春雨，从而在学生成长与教师成长的双赢中，助我们成为最棒的教师。

可以说，不少学校的制度都十分完善，而且要求每个人都必须严格按制度的规定执行。否则，在考核时便会被扣掉相应的分值。这些分值与绩效工资、年度考核、评优晋级是挂钩的。

然而，有这样一所学校，这一套完善的制度实施几年来，大家似乎感觉有些累，受约束，心情压抑。一时间，意见如雪花般纷纷投向校长室。大家提出，学校应该实施人性化管理。对此学校领导也很矛盾。一方面，为了学校的发展，不能不要制度（因为制度还没从根本上积淀成文化）。

没了制度，学校似乎也无法管理。另一方面，要如何做才能算人性化管理？人性化管理难道就是不要制度的管理？人性化管理就是皆大欢喜的管理？人性化管理是不是真能解决学校发展道路上的所有问题？一连串的问题让校长思索。

学校开了几次行政会，意见难以达成一致。有的说，就目前的情况来看，如果离开制度，那必定是一盘散沙；有的说，不能把老师们看得那样不明事理，还没实施如何知道他们自由散漫；有的说，在现有制度的基础上放松一点，先试行一下看效果……几次艰难的商讨之后，领导们终于勉强达成了一致的意见——把制度的刚性减弱一些。比如，坐班灵活一些；上班不签到，上班期间有事需出校门可以不签字，但得按时回校；课堂作业全批全改与重点抽查相结合。开会时一宣布，全场掌声如雷。

才过两周，教师的工作秩序就似乎难以控制了。因为坐班可以灵活一些，所以，不上课的老师都到操场活动了，弄得操场周围的班级课就难以上下去。一天只有一节课的老师，大部分时间都在操场活动，有的甚至到校外“活动”了。而课堂作业老师只拣“重点”抽查，一组抽一本，全班 6 个组就抽 6 本，几分钟就搞定了。而因为不签到，所以，上午一二三节课没课的老师往往是第三节课下课时才匆匆忙忙赶到学校上第四节课。而更糟糕的是，不断有家长打电话质问学校——为什么孩子一周的作业老师都改不了一次？怎么上班期间还有不少老师逛街？许多的问题一下子反映到校长那。不仅如此，有的家长还反映到教委去了。

学校领导感到了事态的严重性，于是，又渐渐地恢复制度的刚性要求，只是融入了一些柔性的成分。例如，关于作业，一周至少三次全批全改。关于坐班，有事需办的，出校门时必须签字，注明外出的时间，回校时再签，注明回校的时间，并接受门卫的监督。尤其对上班时间的签到进行了硬性规定，班主任和有早自习辅导的教师必须在 8 : 15 前到校，其他教师 8 : 30 前到校，门卫必须监督。如果监督不到位，将扣罚门卫的考核分。这样一来，杜绝了一些教师的迟到现象。然而，新的问题又出来了，不少人趁门卫不注意的时候，就帮人代签，笔迹还模仿得差不多，这又使另一些按时上班的人心理不平衡。了解到这些情况后，领导又安排工会出面考核签到情况，同时，将签到地点定在教导处。这样一来，情况好多了，只是大家仍旧对签到十分不满。在一次大会上，校长向教师展示了教委转过来的家长检举信，教师的抱怨才少了些。然而，工作积极性却大不如从前。当然，这也很正常，从人心的角度来看，从严到宽，大家能适应，而从宽到严，大家一时是难以适应的。

作为学校的管理者，必须让管理更灵活一些。例如，让制度多些柔性，或刚柔相济；或者把刚性的制度作些变通，当然，必须做到活而不乱，才能发挥制度在学校发展中应有的作用。

对于学校来说，我们的对象是“人”。人性化管理是每一位管理者所追求的目标。不管制度制定得多么完善和严密，终究不能与人的发展变化相适应。如果全校教师一直是在严苛的制度中工作，当超过他们忍耐的极限，他们就索性与制度对抗，故意违反制度的规定。大有一种满不在乎的样子。如果出现这种情况，那一定是管理的失败。渐渐地，也定会产生职业倦怠。这就背离了管理的初衷。学校的制度千万要远离“超限效应”。

制度应有弹性，不可太死板。过于死板的制度，不利于执行，也不利于教师的发展。制度需彰显其灵活性，如有辅导早读的教师赶在 8：15 前到校，其余教师赶在 8：30 前到校。

制度应根据实际情况调整。最好给有些制度加上“试行”二字。制度在执行过程中，管理者应随时搜集信息，了解老师对制度的反应，即使是牢骚话，也应记录在案。而后对所搜集到的信息进行分析，并结合实际的执行情况，可半期或一期修订一次（大稳定，小调整）。

制度的表述让老师们感到温暖。比如，对于上班时间的规定，完全可表述为，每天早上八点，学生都陆陆续续到校了。他们晨扫，需要你的指导；他们晨练，需要你的鼓励；他们晨读，有你在场，他们更专注。又如，需临时离校办事的，找好代课老师后，给分管考勤的领导说一下、在门卫室签字后离校，办完事情及时回校视为上班。

制度需要坡度。制度的制定，尽可能避免垂直向上。要求老师们做到的，也不妨来个由低到高，分步制定，不要一开始就把老师们吓倒而敌视制度。“无情的制度，有情的执行。”在执行的过程中，也不要有“杀鸡给猴看”的心理，也别怕引发“破窗效应”。执行时有坡度（植入人情味），老师们是能理解的，也定能积极维护制度。

在学校管理中，人文管理是必要的，制度管理也是必需的。从制度管理到人文管理，不能走极端，必须根据学校的实际情况、教职工的现状循序渐进地进行。管理者应该让这两种管理同时存在于学校管理之中，共同为教师及学校的发展保驾护航。

第二节　教育层面，引智慧之源

用新思维建立班级管理新秩序

最棒的教师是讲秩序的人，总会在自己的班级管理中探索教育的秩序，研究直抵教育核心的原规则，建立起班级管理的新秩序。在这探究的过程中，不断更新思维的活水，滋润学生的心智。

平凡的班主任工作琐碎，因为按部就班而失却了当初的激情。然而，面对充满个性，不断在发展变化着的学生，我们该怎么办？作为学生成长中最重要的他人，我们必须有怎样的行动？是依然重复着昨天的故事，还是打破旧思维，建立新秩序？肯定地说，我们“再也不能那样过”，否则，我们就成了教育的罪人。

班级管理虽然琐碎，却充满挑战性。不敢于直面挑战，为自己的管理融入新的思维，那么，当一轮又一轮的改革冲击着教育阵地时，我们会成为大浪淘沙中的牺牲品，也会贻误一代又一代的学生。其实，班级管理是我们走向新生，改变自我命运的一个主战场。只是需要改变我们的思维，从管理中积累力量，让自己有能力去游刃有余地迎接挑战，从而建立班级管理新秩序。

很多时候，班主任的确被班级事务搅得焦头烂额，而即使这样，却依然“痴心不改”。我们为什么不停下来对心力交瘁的自己及混乱的班级作一番审视呢？其实，很多时候，我们回过头去看，才发现，我们只顾自己向前闯，却忘了先给予学生，没有付出，学生怎么会以成长来回报你呢？要知道，得回报才能得信心和力量，才能从根源上突破旧有的一切。

教育原规则研究第一人钟发全说：“秩序乱了，什么都乱了！秩序顺了，什么都顺了！”而新秩序的建立，实是对旧思维和旧秩序的突破和突围。在这突破和突围的过程中，新思维建立起来了，新智慧得到了浸润，力量得到了整合，管理就水到渠成，班级、学生甚至是班主任的教与学的状态会随之得以改变。如此，班主任带给学生的，绝不是十年、二十年的改变，而是一生的影响。

一位雕刻家将一块石头雕成奔腾的骏马，一直旁观的小男孩十分惊奇：“你怎么知道这块石头里藏着一匹马呢？”雕刻家莞尔：“我只是把心中的马唤醒了。”教育就是唤醒，唤醒是教育最大的价值追求。

班主任的班级管理工作重要的也在于唤醒。唤醒什么？怎么唤醒？自然成为班主任必须着力思考的问题。当然，唤醒在此也必定是一个秩序建立的过程。建立秩序而后唤醒，总需要遵循一定的原则、规则。比如，原本存在于学生心灵里的东西，怎样把它激活，并为学生的成长服务。肯定地说，其中是有规律可循的。

班级的建设，学生的成长，尤其需要建立规则。规则的此消彼长，就一定是秩序的变化过程。当然，规则不是用来限制人，而是为了激励和服务人的。比如，建立班规，由班主任一人制定，变成全班同学共同参与，这实是秩序的改变。如此建立起来的班规，才能为学生所接受，成为大家共同奋进的目标和一种向上发展的需要，从而唤醒每个学生的正能量，唤醒“我是好孩子”的欲望，并由此达成班级的共同愿景。

班级管理之于唤醒，在于给每个学生合宜的位置。给他喜欢的位置，他内心的那种生长的渴求才会被唤醒。也就是说，唤醒也是需要适宜的阳光、水分和土壤的。建立班级管理新秩序，更在于给每个学生找到最合宜的位置。

我们常常在培养班级小助手，这确实是一种好办法。只有成为某一类型的小助手时，他的正能量才被真正发挥出来。这其实就涉及一个班级组织建构和建设的过程。

组织建设，唤醒人人参与的内驱力，需要构建一个良好的人文环境。比如，敢于放手和放权，让每个学生成为主人，成为真正的助手，或在班级的某个组织里发挥自己应有的作用，那么，当人人尽其才时，个人的成长就会蕴藏其中。当然，班主任不能放任自流。毕竟，当组织处于初期、中期或成熟期时，学生在其中遇到的问题都是难以预料的，离开班主任适时而有效的引导，个人的位置就可能无法立足，甚至会削弱组织的力量。

班级组织的建设，需时时有整饬的行动。组织在发展初期，百废待兴；在发展中期，内部需不断调整；在发展高潮期，也可能处于动荡之中。找到每个阶段的问题，抓住整饬的着力点，还原组织的活力，让每一个学生在组织中自由地呼吸，心灵自由地成长。

班级组织的良性发展，源于每一个学生的共同努力，很多时候必须靠情感去填补发展中的缝隙。肯定地说，情感（比如朋友情、同学情、师生情等）是建立新秩序的一个必不可少的环节。融入情感的管理，才能使学生更像“人”一样去发展，从而增强班级的凝聚力。

爱是情的基础。打造班级情感，班主任需着力于对“爱”进行打造。如同学情（同窗情），也是建立在“爱”的基础之上的。这种“爱”，是同学之爱，是班级之爱，是师生之爱。但从建立新秩序上看，师生之爱应放在首位。教师心中有爱，心中长存爱，才能影响学生，让学生充满爱。从这个意义上说，我们的班级管理实际就是“爱”的管理。教师奉献爱心，教师智慧地爱学生，由此才能形成一个充满“爱”的班级，这样的班级处处有爱，时时有尊重，整个班级才有可能被浓浓的爱意包围。整个班级才有可能建立新型的情感氛围，班级的一个又一个发展态势才能实现无缝链接。

建立新秩序下的班级情感，让学生心中常有爱，时常给予爱，懂得知恩，知道报恩，既有意识又有行动，整个班级就会于无形中形成一股强大的力量，推动着班级积极向上发展。融合着情感的班级管理，它不应是单一的，必须进行转化。班主任结合班级的发展进程将情感转化为精神，将其打造成一种文化。有了文化的浸润，任何一个学生，甚至是新入本班的学生，都会被同化。如此，新秩序的建立便对班级建设有积极的意义。

有人说，活动是班级发展的生命线。的确，唯有活动，才能使我们的班级彰显活力，使班级成为一泓活水，永远充满生机。

建立班级管理新秩序，我们不能，也不可能避开对活动的思考。可以说，一部班级发展史就是活动的开展史。没有了活动的班级，只能如死水般地被动存在着。活动才能使班级积极运动起来，让班级情感得以维系和巩固，让组织建设更有生机。

活动因“活”而“动”、因“动”而“活”，二者相辅相成，相互促进。“活”与“动”的相融，更需要班主任建立起自己的活动思想。无思想不谈活动，无思想不组织活动，无思想活动便少精神。缺乏思想，活动反而会成为学生发展的绊脚石。但唯有活动才能生发活动的思想，而有思想才能助活动的生命显现。班级管理中，班主任必须有效运用班级的一切元素，有序地、有计划地注入活动的因子，把活动打造成班级精神，形成班级文化，铸就班级特色。

“发展才是硬道理。”可以说，建立班级新秩序，其根本目的是指向于班级的发展、师生的发展。离开发展来谈班级管理，是没有实在意义的。所以，我们说，“忘记发展是最大的忘本”。

新思维指导下的发展，才算是真正意义上的发展。发展说到底是人的发展，因此，从人的性格、人格上去看待发展，我们才能更多一些理性。因为我们深知，不深入而全面地了解学生，所谓的发展只能是浮肿式的，会让人感觉虚脱。虽然对于发展，我们往往很难有一个准确的评判标准，但心中却应该有一个属于自己的杠杆。

谈发展，避不开超越。无超越，无发展。而超越，必带有否定，否定中超越，发展才更具可观性，更具潜质。

班级小社会，社会大班级。班级所带给学生的影响，最终将影响整个社会。新时期的班级管理，必须有新的气象、新的思维方式、新的策略。陈旧的管理早已不能适应新的发展态势了。创新班级管理思维，建立新的班级管理秩序，理应成为班主任骨子里的追求。

敢于“放下”才最棒

最棒的教师作为班主任，是学生成长路途中最重要的“他人”，对班级和学生的影响力是极大的。正如美国教育心理学家古诺特博士所说：“在经历了若干年的教师工作之后，我得到了一个令人惶恐的结论：教育的成功和失败，‘我’是决定性因素。身为老师，我具有极大的力量，能够让孩子们活得愉快或悲惨，我可以是制造痛苦的工具也可以是启发灵感的媒介，我能让人丢脸也能叫人开心，能伤人也能救人。”所以，最棒的教师应是“经师”与“人师”的合一。也就是说，一位优秀的班主任必须用高尚的人格魅力、创新的工作能力、无私的奉献精神去影响学生，引领成长。而要锤炼如此的品质，就必须学会“放下”。

一、放下学生的过错

金无足赤，人无完人。学生在成长过程中犯错误也是难免的，但不管错误的大小，都是他们所要经历的一个过程。因为他们的生活阅历、认识水平的差异，导致他们对自己、对他人、对事物的认识还显不足，因而常常会作出错误的判断，进而犯下某个错误。而且有的学生常常会犯同一个错误，虽经教师的“屡教”，他们就是“不改”，我们也常常因此气得咬牙切齿，以为这是个“桀骜不驯”的学生。

我们发现，教师在教育这些学生时，常常因为“恨铁不成钢”，而将老账新账一起算，结果这些错误就如小山般压得他们喘不过气来。渐渐地，他们就索性“破罐子破摔”了。这样一来，很难再形成有效教育了。

学生的错误，本身并不是很重，但如果我们长久地让学生意识到曾经的错误,那么,他们会渐渐地不堪重负。学生犯了错误,我们要给予引导,让学生放下包袱，轻松走上正确的道路。哪怕学生以后再犯类似的错误，教师也应引导学生忘记过去的“伤痛”，而行走于未来的“希望”中。不管学生多么令我们失望，我们都要用积极的心态，对他们充满信心、充满希望。唯有如此，学生才会被老师的情绪所感染，进而朝着老师所期望的方向去发展。

放下学生的错误，放下的是学生心里的负担，而擎起的是学生向上的希望。

二、放下自己的昨天

当班主任，我们或多或少都积累了一些经验，或许也积累了一些惩治学生的“招儿”。我们也常常为自己的这些招数能制服学生而沾沾自喜，似乎一些招数在一批又一批的学生身上总能见“成效”。

其实，教师见到的大多是表面的“太平”。“莫看水面平如镜，要看水底万丈深”，学生表面是服了，表面平静了，可他心里服吗？心里对班主任信服吗？这倒未必。教师也常常为屡次未能教育好某个学生而恼羞成怒，可我们想过没有，自己的教育方法对路吗？我们的教育是否关注了每个作为鲜活生命的学生？我们的教育是注重学生的个性差异，还是自己的师道尊严？我们是以严厉的批评压服学生，还是以自己的人格魅力去影响他们？当我们不断地这样追问自己时，才发现，我们是太在意自己的颜面了。

我想，不管我们过去有多少自认为很不错的经验，那都属于过去。而且那经验只能对过去那些学生有用，对于今天所处的时代与环境都有所不同的学生来说，却未必有用。我想，从来也不会有一成不变、放之四海而皆准的所谓的教育经验。即使有，那也只能变换着用，从中抽出适合本班学生的做法，然后谨慎地使用，并且还必须不断地进行反思和总结，而一旦发现不适合他们了，就要立即“转身”。

所以，教师应放下固有经验接收新的理念，探索出适合学生的教育方式，让每个学生都充满活力地成长。

放下自己的昨天，教师才能以崭新的姿态轻装前行，也才能用发展的眼光去看待我们的学生，让他们与新的“我”努力奔向希望的明天。

三、放低自己的姿态

教育的成功，需要有较高素养的教师，但更需要有童心的教师。因为有童心，我们才能真正理解学生的所作所为，真正把握学生心里的需要，进而真切地教育好他们。教师要努力去理解学生,放下架子,真正走近学生。

班主任放低自己的姿态，才能和学生想到一块儿，成为学生最忠实的伙伴，掌握学生最真实的成长状态。只有看清了学生成长中的问题，才能营造出最有利于他们成长的氛围，把班集体打造成学生和谐成长的港湾，让他们健康快乐成长。

班主任放低自己的姿态，摘下自己的有色眼镜，才能平等地对待每一个学生。尤其是那些一时表现不佳的学生，才不会放弃鼓励，而是看清楚他们产生那些行为背后的原因，也才能给予他们最有效的教育，让教育对每位学生寄予美好的期待。

“放下”是班主任必备的一项素质，它彰显的是一种智慧、一种责任。班主任只有学会放下、敢于放下、善于放下，才能既成就学生，又让自己成为最棒的教师。

因会“反弹琵琶”而最棒

最棒的教师有智慧。会抓住教育中的点点滴滴去思索、去探究。尤其是面对一些教育现象，用慧眼去发现其中的教育契机，更敢于去逆向思维，不循常规，能根据实际的教育现象反其道而行之。于是，便在这样的教育中收获意想不到的教育效果，给学生积极向上的动力，也自然在这样的实践中收获教育的智慧。

从前，有一位画家想画一幅人人见了都喜欢的画。画毕，他拿到市场上去展出。旁边放了一支笔，并附上说明，每一位观赏者如果认为此画有欠佳之笔，均可在画中记上记号。

晚上，画家取回了画，发现整个画面都涂满了记号——没有哪一笔一画不被挑剔。画家十分不快，对这次尝试深感失望。

画家决定换一种方式试试。他又摹了一张同样的画拿到市场展出。可这一次，他要求每位观赏者将其最欣赏的妙笔都标上记号。当画家再取回画时，他发现画面又被涂满了记号。——一切曾被挑剔的笔画，今天都被画上了赞美的标记。

画还是那幅画，只因画家引导人们观察的角度不同，却出现了相差甚远的两种结果。我们不妨假设一下，如果画家再精心地画一幅画，仍旧用第一种方法去试，结果可能还是一样。长此以往，画家就可能变得颓废。然而，画家毕竟是画家，他善于从另外一个角度去看问题，这不能不说是画家的高明之处。在日常生活及教育教学中，我们却往往忽视了这一点。千百年来积存于内心的就是以抓住人家的“辫子”为乐事，而多数被抓者常常于尴尬之中朝着相反的方向渐行渐远，最终成了人生的失败者。

“人无完人”，每个学生人生的那张纸上都不可避免地会有几个或十几个“黑点”，而我们却无形中给自己的心灵戴上有色眼镜。对于我们心目中的好学生来说，我们看不见那些“黑点”，即使看见了，也总能用其优点掩盖之。而对于我们印象中的“差学生”，即使他的优点渐渐地变得多起来，我们却往往会把“黑点”放大来遮住他的优点，他依旧是我们眼里的“差学生”，并且总是在学生面前无所顾忌地提及，使这类学生永远无法抬起头走路。结果，有的学生产生敌视他人、敌视这个社会的心理，有的学生甚至陷入悲观厌世的泥淖里不能自拔。

小军几经转学来到A老师班上。开学第一周，小军与班上同学打架不下10次，作业一次也未交，上课睡大觉，A老师算是真正领教了他这个“转学专业户”的厉害。但A老师没有批评他，而是采取了另外一种教育方式。又一周星期五，A老师让小军带一张便条给家长。便条上写的是:“小军的父亲，您好！小军这周上课听讲认真多了。特向你报告这个好消息!”出于好奇，小军偷看了。新的一周，小军上课睡觉的次数明显减少了,偶尔也做一次作业。A老师以后隔三差五地让小军带便条回去，便条上写的都是小军的进步（有些是被放大了的）和老师的期望。小军也一步一步地在改变，一学期下来，虽然成绩提高不大，但坏习惯却改得差不多了，而且还有了搞好学习的自信心。如果A老师用老眼光看人，小军会破罐子破摔，会搅得全班不安宁，说不定会再一次转学，对他的成长将会造成极坏的影响。这正是A老师“反弹琵琶”为小军奏响了一曲和谐的生命之歌。

有一次，我正带着学生上自习，学校临时有事要开会。可最放心不下的是这些一年级学生的课堂纪律，而且还怕学生在教室打闹，出安全事故。情急之下，我说:“老师要去开会，你们在教室里读会儿书。各组的组长要管好本组的纪律，凡是表现得好的，就记下来。下课后把名单交给我。”开完会回来一看，都在认真地读书，比我预料的要好10倍。我想，正是这一“反”（过去是记违纪学生的名字）才有如此的效果。

“反弹琵琶”透着教育者的智慧与气韵，需要教育者永远地摘下深度有色眼镜，用爱心和对教育事业的无限责任心来教育好每一个孩子。

教育，“请给我结果”

最棒的教师在教育生活中，对教育研究投入巨大的精力。深知教育需要结果，但却离不开过程。是过程的精彩成就了结果的精彩。最棒的教师关注结果，更在过程中着力，并融入智慧之源去润泽。

“对结果负责的人，就是对自己负责的人。”教育的结果是什么？毫无疑问，是培养祖国建设的生力军。这是教师必须为之负责的结果。只有对结果负责，才能对工作负责，才能不断创新工作方式。学生都是有个性的，我们的教育方式不是“放之四海而皆准的真理”，应因人而异。

然而，我们仍必须“执着”地追求。教育一个学困生，即使一个月，甚至一学期都不见效，仍不能放弃，因为他还有转变的可能。而我们要做的是，反思自己的教育过程，然后找到适合于他的方式。所以，“结果完全掌握在自己的手上”。

“请记住，任何伟大的人生都是你每天结果的累加。没有每天的结果，就没有结果的伟大。”苏洵 27 岁才开始发奋苦读，成为北宋时期的大文学家。教育不是拔苗助长，而是循序渐进。学生的成长与成功皆缘于一点一滴的累积。不论你接到哪个年级的学生,也不论他们现在是如何的差，但都不算晚。重要的是相信他们有个好结果，再依据结果施以教育。哪怕每天只掌握了“0.1”的内容，哪怕每天只有“0.1”的教育进展，长此以往，他们一定会收获伟大的“100”。所以，教育者永远不能对学困生失去信心。“只要努力去做，努力实现学习的结果，日积月累，终得大成。”

“行动不一定有结果，但不行动一定不会有结果。”“想要结果，首先要行动。”

教育，请给我结果。但教师的目光却不能总盯着结果，最重要的是行动。行动才是收获美好结果的法宝。“请记住，心态创造行动，行动创造结果。”我们有过太多的教育规划，然而并不是都有结果，原因就在于缺乏有效的行动。行动不是盲动。“吾日三省吾身”，作为教师来说，应做到“吾日三省吾‘教’”。反思是教育者每天必修的功课。反思后当然是行动。用今天的反思改进明天的教育教学，在明天的教育教学实践中产生新的思考，再改进下一次的工作，如此往复，生生不息。唯有如此，才会达到或超越我们预想的结果。

“完美的结果，永远是长期努力的结果。”教育学生时，我们多是站在自己的立场，把学生置于一个完美的场景中，往往只看到了“100”，而忽视了“0.1”的积累，结果反而成了“0”。当学生并不是我们心目中那么十全十美时，教育就变了味。急功近利的教育方式便频频出现，其结果大多是“赔了夫人又折兵”。要么干脆不管了，任其自生自灭，贻误了学生一生。“执行就是要结果，一个差的结果也比没有结果强！所以，我们在教育学生时，应淡化完美主义，从“0.1”做起。比如，面对一个学困生，我们该怎么办？当然不是放弃。要从最关键的教育入手，肯定是先转变他的思想，然后再相机转变其他的方面。如果一开始就全面抓的话，结果“满河都是滩”，反而转变不好。

“让你的时间守恒：不要把力气花在说教上。”“杜郎口中学”的模式是“10 + 35”（教师讲解少于10分钟，学生活动大于35分钟），或者“0 + 45”（教师基本不讲）。老师们花最少的时间讲解，甚至不讲解，而把最多的时间留给学生，让学生在课堂上或表演、或辩论、或歌唱、或讲解、或朗诵，小品、相声、独唱、合唱、舞蹈、辩论赛、小组展示等多种形式交相辉映……所以，“杜郎口中学”刮起了中国教育的一股旋风。在教育中，我们应摒弃空洞的说教，把时间留给学生，让他们有充足的时间去思考、去实践、去亲历、去体验、去获取成功。

“当你面对困难和失败的时候，你不妨向更高的困难和失败迈进，体验失败在你身上慢慢建立起免疫能力。”毛毛虫破茧成蝶时要奋力挣脱，我们所面对的学生，来自不同的家庭，他们有着自己的成长方式，有着让自己生命辉煌的道路。学生的学习及成长是由他自己做主的事情，尤其是健康地成长、充满智慧地学习，教师绝不能包办代替。我们不能设计学生的未来，只能引导学生建构自己的学习方式、学习过程，自己设计属于自己的未来。美国一位儿童心理专家指出：“有十分幸福童年的人常有不幸的成年。”儿童不是被塑造好了才置入社会，而是让他在社会生活这片广阔的天地里去亲历、去磨炼、去失败，去收获人生的辉煌。“不经历风雨，怎么见彩虹。没有人能随随便便成功。”未经风浪，怎能乘风破浪？作为教师，我们能做的，就是给学生搭建一个成长的舞台，并创造适宜他们成长的“土壤”和合适的“气候”，以及良好的生态环境，让他们自己去寻找人生的支点，去亲身经历人生的每一天，感受成长的风雨，感受成长的酸甜苦辣，从而收获精彩的人生。

“思考与行动共舞，教育伴成功齐飞。”教育，重过程，更要给我满意的结果。

第三章　精进，引发展

1. 精进，最棒教师向教育最美的表白。最棒教师一心只为教育谋，做教育之事，行教育之为。把不断进取看成是置身教育最大的责任。开拓创新，积极进取，是最棒教师的名片。

2. 最棒教师走在教育的前列，站在教育的山巅，凭的是自己的努力。他总是把打铁还需自身硬看成是自己的教育信条。在教育生涯中，总是在不断地完善自己，为教育献上了一曲曼妙的华尔兹。

3. 最棒教师的精进，不是空穴来风。工作过程中，他将智慧之光洒向肥沃的教育原野；八小时之外，总会去探秘智慧的源头，积蓄工作的正能量。

第一节　居高声自远，非是藉秋风

发展特长奠最棒之基

做教师，我们必须要有一样拿得出手的功夫，这便是特长。最棒的教师都是有特长的教师。有的还不止一项特长，也正是这一项项特长成就了最棒的教师。

我在阅读中，读到这样一个故事：

一位来自中国北方农村的中年妇女，因为女儿在美国，便到美国移民局申请绿卡。她只读完小学，汉语表达不好，英语也只会说“你好”“再见”等。她申请绿卡的理由是“有技术专长”。移民官看了她的申请表，问她：

“你会什么？”她回答说：“我会剪纸画。”说着，她从包里拿出一把剪刀，轻巧地在一张彩色亮纸上飞舞起来。不到3分钟，她就剪出几个栩栩如生的动物图案。

美国移民官瞪大眼睛，像看变戏法似的看着这些美丽的剪纸画，竖起拇指，连声赞叹。这时，中年妇女从包里拿出一张报纸，说：“这是中国《农民日报》刊登的我的剪纸画。”美国移民官一边看，一边连连点头，说：“OK！”旁边和她一起申请而被拒绝的人是又羡慕又忌妒。

一位普通的农村妇女很容易就申请到移居美国的通行证，原因很简单，因为她有一样拿得出手的特长。

其实，我们在专业化发展的道路上也要做一名有专业特长的教师。每个人都不是完人，不可能样样精通，但你至少要有特长。当你把自己能拿得出手的那一样展示出来，你便是一名有特长的教师了。

要知道，学生容易受那些被认为更有特长、更有经验的人的影响，而且这种影响的程度往往超出了人们的想象。

现在的学生往往用更挑剔的眼光来打量我们。如果教师自我修养平淡无奇，往往不能很快得到学生们的认可。特长就是一张张独特的名片，让你在片刻间获得学生的欣赏。学生因为对我们特殊的喜好，更容易对我们产生信任感。

最近几年，越来越多的教师因为自己的特长而走进了大家的视野。易中天的语言天赋和逻辑思维已经众人皆知；复旦教师陈果细腻的语言和人性化的表达方式深入人心；刘欢融合自己的艺术人生为学生讲述音乐史座无虚席……

可是，一些教师却每天按部就班没有生气的做教学工作，上班、备课、上课、批改作业、下班，一届一届地讲授自己的课程，也许总能让学生取得很好的成绩。然而，学生毕业以后甚至难以记起教师的名字，更没有多少有关教师对自己产生影响事件的回忆。

这是多么鲜明的对比，我们没有发挥特长，教育只能止步于课程结束的那一刻，教学业绩也只局限于学生取得的考试成绩；而特长鲜明不仅让自己的课堂走出了教室、走向了社会，更是走进了学生一生的回忆和终身的发展之中。

有特长才有个性。我们的个性如同火光照亮了课堂教学，照亮了学生的学习时代，我们的个性犹如灵性的种子，播撒在学生的心田。

教育活动是一种创造性的活动，因为我们所面对的每一个学习者都是各不相同的。我们的思想、气质、知识结构、审美情趣和教学能力也不尽相同，这就决定了教育活动不可能是一成不变的，每一次教育活动都应该发挥我们的特长。教育人生，总有许多因素压制了我们特长的发挥：繁重的教学任务似乎让我们没有闲心去发挥自己的特长；日益琐碎的教学工作似乎让我们找不到特长和教学的切合点；教育管理的精细化束缚了我们发挥特长的手脚……然而，这些并非关键的制约因素，真正的制约来自于我们的内心。

其实，我们不可能没有特长，只是在不知不觉中淡忘和压抑了自己的特长，抹杀了自己的个性。打开自己，让自己的长处释放在自己所钟情的教育事业上，自然，教育生涯也必将更上一层楼。

第一，放大自己的特长。提到“特长”，有些人会想到我似乎并没有什么特长。如果你还能记得前面申请绿卡的故事，你也许会明白，每个人都有自己的特长，只是不少教师总以为不值得一提而忽略了。会画画的英语教师、有深厚国学功底的语文教师、会记忆术的数学教师、熟悉许多名人名言的政治教师、会讲故事的历史教师……都是非常令人尊敬的啊！今天我们能做的，就是发现、发挥自己某方面的特长。

第二，在教育人生规划中培养特长。如果你倡导一种“思维数学”，那么你可以在教学之余去钻研思维的学问，用高妙的思维去打动你的学生；如果你倡导幽默英语，那么你可以试着在业余开发你的幽默才能；如果你倡导充满艺术感的语文，你不妨结合语文教材钻研音乐和摄影绘画作品……总之，特长可以培养，只要你有了教育的理想和合理的人生规划，你的特长一定能带着你突破教学的困局，成就自己的教学魅力。

第三，将特长融入教学风格中。将特长融入教学风格中听起来似乎玄妙，但是一位教师的经历却很好地阐述了这一点。有一位语文老师，最大的爱好就是旅游。语文教材上提到的地方，她几乎都走过，并且拍有照片，还乐于和学生分享当时的感受。这位老师的课大受学生欢迎，她成为许多学生心中的偶像老师。旅游也许在许多人看来只是一种休闲消遣罢了，并不算多大的特长，可一旦与教学结合，便能形成一种“身临其境”的课堂风格，所有的教学都不再是空洞的说教，而变成一种快乐的分享。

我们将自己的特长融入到教学艺术中去，往往能形成独具特色的教学风格。

形成教学风格我最棒

最棒的教师有自己的教育思想、个性特点、教育技巧，并始终在教育过程中彰显。这些都使最棒教师在教学艺术上更趋于成熟。但在形成教育风格的过程中，最棒的教师总能瞄准一个目标持续前行。这目标便是我们常说的“的”。

“的”，箭靶的中心，前进的方向。一个教师要成长为有特色的教师，就必须有一个“的”。只有朝着“的”勇敢地进发，才能最终成就自己的特色。说一个教师有特色，不是抽象的，必须指向一个具体的方面，或课堂教学，或班级管理。同样，有独具个性的教学风格也同样是有特色的教师。而教学风格的形成，没有明确的“的”，最终也只能徒劳而无果。

美国生物学家克林莱斯有幸拍到了一组精彩镜头。有一种麻雀大小的鸟儿扑扇着翅膀刚刚停在沙地上准备觅食时，潜伏在沙子里的蛇猛地张开大口窜了出来。鸟儿用自己的爪子一下又一下地拍击着蛇的头部，力量有限，蛇依然对鸟儿攻击不止。鸟儿一边躲闪着蛇的血盆大口，一边用爪子拍击着蛇的头部，其准确程度分毫不差。就在鸟儿拍击了一千多下时，蛇终于无力地瘫软在沙地上，再也爬不起来了。

这种鸟儿和蛇的力量对比是悬殊的，它甚至还没有一只麻雀飞得高，生物学家唯一能解释的答案就是，这种鸟儿在经过长期的经验积累后，终于掌握了一套对付蛇的办法，那就是瞄准一个点，持之以恒地用爪子击打蛇的头部。其实，我们教学风格的形成也是如此啊！

教师在打造自己的教学风格时，切忌好高骛远，必须脚踏实地地瞄准一个“的”，坚持走下去。

教师要形成自己的教学风格，首先必须认识自己，因为风格即人。教学风格的形成，很多时候，需要充分把握个人的自身条件，尤其是性格特点。认识自己，要对自己做透视，尽量较为完全地了解自己，发现自己在形成教学风格上的优势和劣势。而且必须明确，现有的优势如何发挥、劣势如何转化。在此基础上，确立自己风格形成的“点”，即“的”。比如，理智者可以在理智型风格上着力；幽默者可在幽默型风格上出招；感情丰富的人可以向情感型风格进发……

既为风格，就带有强烈的个性。即使同样是情感型风格的教师，其内涵也是各不相同的。比如，窦桂梅老师的情感型就是外露的，王崧舟老师的就是情智型的。所以，在向着教学风格的“的”奋进的过程中，还要注重一个字，那就是“新”，即“创造”。

我们必须在研究他人风格的基础上，找准自己风格形成的路径，走一条超越他人，甚至是与他人完全不同的路。比如，解读文本，一定见人之所未见、思人之所未思。只有进行个性化的解读，你才具备形成风格的根基。如《去年的树》，文本记叙了一只鸟和一棵树是好朋友，冬天来了，鸟要飞到南方去过冬，依依离别之时，答应明年春回后，唱出动听的歌给树听。第二年春天，鸟儿飞回来，却发现这棵树不见了。伤心的鸟儿通过艰难的找寻，来到一盏用这一棵树做成火柴梗所点燃的灯火前，找它的好朋友。很多教师认为文本重在“环保”引领，有的说重点突出“诚信”二字。其实，只要深入解读，就会发现，作者写作的年代是在抗日战争时期，而且作者又是一位日本女青年，再抓住童话体裁特征，就会悟出那一棵树多像是作者的一位已经去世了的朋友，许是作者的恋人、朋友、亲人等，因冬天（象征着战争或其他人为灾害）的到来，使得它们不得不离开。鸟儿第二年回来之举，多像是作者第二年回来时，发现朋友离去，作者通过文字倾诉对朋友深深的怀念。然后，课堂上再这样去理解文本，师生便通过触及作者内心的伤痛欲绝，而最终激起学生对和平生活的向往。当然，进行个性化解读之后，还必须运用个性化的方法去向学生进行传递。所以，在奔向教学风格的“的”的过程中，要始终有创新的意识，以及创新的举措。有语云：条条大路通罗马。教师在向着教学风格行进的过程中，虽然“的”在心中，“的”已确定，但我们却必须时时反思，反思我们的路是否走得恰切，哪样的路是最好的。当此路不通时，教师得选择彼路，让自己教学风格的最终凝成充满智慧、充满勇气。相信，教师在如此的前行中，在与教学风格亲密接触的过程中，对自我是一个更大的促进，我们的教育教学素养也会得到真正的提高。唯有如此，教师才能在形成教学风格的路上走得更坚实。

做一个有特色的教师，有独特的教学风格，才能在教学上既成就学生，又发展自己，成为最棒的教师。

超越自己的狭隘走向最棒

今天的我超越昨天的我，明天的我又将超越今天的我。超越无止境，“最棒”的曙光在前头。一路走来，一路超越。而真正超越的，是自己的狭隘。超越狭隘，前方的路一马平川。

讲台就是战场，而我们自己正是这场硬仗中的主角！

一个人只有不断超越自己，不断提升能力，才能在人生的战场上立于不败之地。我们的教育即生活即人生，只有不断超越，不断提升业务素质，才能在教育这个战场上体验到成功的愉悦。

超越本身就是一种幸福，在超越的过程中，你会不断进步。超越的过程有苦也有甜。

超越汇成进步的路，进步汇成成功的路。

教师超越了别人，其实就是超越了自己。

教师超越了自己，其实就是获得了幸福。

我们的视野有多宽阔，就决定职业境界有多宽阔。如果把目光局限于学生的考试分数上，就会遮住学生健康成长的路径。如果整天只盯着职称、荣誉等眼前的名利，就没有心思研究教育教学，何谈成为教育大家、名师呢？

有人作过这样的统计，在这个世界上，成功者的比例大概占3%，一般人占97%。到底为什么有人会成功？成为这3%的人和成为97%的人的差别到底在什么地方呢？

有人拜访了一百位世界第一名，他们包括奥运冠军、世界首富、畅销书作者、国家的元首等。从他们身上，研究者发现这些人跟一般人最大的差别是因为他们有强烈的动机。什么叫做强烈的动机呢？强烈的动机就是拥有充分的理由。

有位哲人说："人的思想一旦被禁锢，比终身监禁他的身体更加残酷。"试问，我们有强烈的成功欲望吗？

曾看到这样一个故事：

玻璃墙壁的故事

科学家曾做过这样一个实验：把鲨鱼和一群热带鱼放在同一个池子里，在它们之间隔上一块高强度的钢化玻璃。

起初，鲨鱼总想游过去吃掉那些热带鱼，一次又一次地撞向玻璃。但每次玻璃快被撞裂时，实验人员立刻换上更厚的玻璃。到最后，鲨鱼撞得头破血流，仍无法通过那块透明的墙壁。于是，鲨鱼就放弃了这种徒劳无功的努力，每天捕食那些扔进它这边的小鱼。

过了一段时间，实验人员撤掉了隔在鲨鱼和热带鱼之间的玻璃。但鲨鱼仍旧在自己这边捕食，再也不试着游到另一边去吃那些热带鱼了。

还有一个类似的实验：把许多跳蚤放到一个广口瓶里，瓶口用透明玻璃盖住。刚开始时，跳蚤们拼命地往外跳，但都被玻璃挡了下来。一段时间以后，即使把玻璃取下来，那些跳蚤也只能跳到瓶子那么高。这些昔日的跳高冠军，被封闭在了自己界定的高度上。

在工作生活中，当我们做出卓越的成绩后，如果让我们重头再做一次，我们一定会说，今天不行了，昨日如何如何，认为自己不可能再超越，自己的思维和行动都只会停留在原来的那个限度。多少次努力打造出自己的课堂风采，多少次折戟而归，最终也放弃了追求。

残疾女作家海伦·凯勒，这个集盲聋哑于一身的弱女子竟然毕业于哈佛大学，并用生命的全部力量奔走呼告，建起了一家家慈善机构，为残疾人造福，被评选为20世纪美国十大英雄偶像。理想和信念像熊熊燃烧的烈火使她走出黑暗，走出死寂；理想和信念像巨大的羽翼，帮助她飞上云天。

从某种意义上说，人不是活在物质世界里，而是活在精神世界里，活在理想与信念之中。对于人的生命而言，要存活，只要一碗饭，一杯水就可以了；但是要想活得精彩，就要有精神，就要有远大的理想和坚定的信念。

在我们工作、生活中，没有一成不变的事情，我们要勇于尝试，不断推陈出新。时势在不断变化，当初做不到的事并不意味着今天也做不到，当初能做好的事，今天努力拼搏，也一定能做得更完美。无论如何，我们要尝试、尝试、再尝试，超越、超越、再超越，始终要坚信，只有在超越中，自己才会逐渐强大起来。

黑人领袖马丁·路德金有句名言："这个世界上，没有人能够使你倒下，如果你自己的信念还站立着的话。"是的，即使在最困难的时候，也不要熄灭心中信念的火把。

超越自己，重在超越自己思维的定势，超越自己的狭隘。让我们以"自信人生二百年，会当击水三千里"的勇气，以"路漫漫其修远兮，吾将上下而求索"的精神，点燃梦想的蜡烛，闪亮不变的情怀，放飞我们的梦想，描绘灿烂的人生。我相信，在不久的将来，我们将会使我们的梦想变成现实。

首先，知识渊博。有人说："三尺讲台是承接历史、联系未来的一个平台，而教师就站在历史与未来之间'指点江山'。"这句话听起来不免让我们产生一种高大、豪迈的感觉。但细细品味，不得不使你深深地感到肩上担子的沉重。从大处讲，我们肩负着民族兴旺、国家富强之责；从小处讲，我们承担着传授知识、育人育德之责。俗话说："给学生一碗水，自己须有一桶水。”要想不断地超越自我，不辜负学生，不辜负“教师”这个称号，必须以博学为基点。

其次，思想解放。一提到解放思想，就觉得是老生常谈，认为自己的思想没有不解放的。然而，事实是：一方面渴望发展得更快更好，一方面却又不敢大胆尝试；一方面开口闭口都讲开拓创新，一方面却又不敢承担风险；一方面清醒地看到存在的不足，一方面却又不敢克服困难。这种道理上明白、行动上滞后，讲起来清楚、干起来茫然的现象，说到底还是思想不解放，缺乏敢想、敢闯的雄心和气魄。古希腊学者阿基米德说得好：“给我一个支点，我可以撬起地球。”解放思想的关键就是敢想，敢于挑战过去、挑战传统、挑战思维定式。思想观念是总开关，开关不灵，流水不畅啊。

最后，学会实践。实践是超越的必要途径。伯乐的儿子当年捧着《相马经》寻找千里马，结果却拎回了一只癞蛤蟆；熟背兵书的赵国大将赵括，因为死搬兵法，落得兵败身亡的下场。伯乐的儿子和赵括读书的失败，主要就败在脱离实际。高原期的教师经过多年的实践，有了一定的教学教研经验，但也不是一劳永逸、高枕无忧。

人生的旅途本来就是起伏不定的，而生命也是由欢笑和泪水编织而成的。就像电影中的角色，不管是主角、配角还是临时演员，只要尽本分，把戏演好，向困难挑战，超越自己，就是懂得生命真谛的人。作为处于高原期的教师，相信只有这样，才能使自己慢慢地变得博学，才使自己不断超越。

第二节　不待扬鞭自奋蹄——八小时以外的进取

享受孤独，聚最棒的能量

诸葛亮说：“非淡泊无以明志，非宁静无以致远。”处于当今社会，我们似乎更浮躁，自然也最怕孤独。最棒的教师深知静能生慧的道理，于是，不怕孤独，更享受孤独。在孤独中让自己的心宁静下来，去思考更加宏大的教育之事。

每天下班后，掬一捧寂寞的时光，摊开一片宁静，孤独便摆好了架势，欢迎我的入驻。

心里总有欲望膨胀，来也匆匆去也匆匆似的忙碌，内心已满是疲惫，浮躁已装满心里的每一个角落。日子里全然没有了缝隙，任何新鲜的事物已无法再容进来一丁点儿，好在有一段孤独的时光来盛情邀请我。

关掉手机，独坐窗前，闭上倦意四溢的双眼，任思绪慢慢地飞远。思绪飞到了大海，任海水轻轻地舔着，任浪花若即若离地亲吻着。思绪忽而被卷入海水中，忽而被撒向空中。思绪一如一个小精灵，同大海嬉戏，也恰如小时候得到一角压岁钱那么高兴。忽然一个大浪袭来，所有的思绪被撞得粉碎，那碎末渐渐地沉入海底，在海水里慢慢地融解了，直到完全看不见。

睁开眼，全身轻松。满身的疲惫已被抖落，几多精神如电流般迅速传遍全身。站起身来，望望窗外，白云穿过眼帘去追逐风儿的脚步，鸟儿如指挥家一般站立小树的枝头，满树的绿叶尽情地舞蹈。

生怕惊动了此刻的宁静，我慢慢地坐下来，轻轻地翻开好几天没看的书籍。嗬，一行行文字竟是那样的亲切！许久没有过这样的感觉了。翻开《瓦尔登湖》，心灵更加宁静。我仿佛置身于一片幽静的山林，在清可见底的湖水边看鱼儿游来游去，扔下钓竿，看鱼儿们在鱼饵边轻轻地摇摆着尾巴，偶尔再悄悄地试探一下。如此垂钓，真好！风儿恋恋地在耳边流连，诉说着从远方带来的好消息。真想生活中时时拥有一泓瓦尔登湖。不过，此时我已经拥有了。我想，只要我愿意，它会时时陪伴着我。

孤独的时光里，心异常宁静。宁静的心境一如家乡的小溪流般澄明，慢慢地荡涤尽了生活中的尘埃，心灵的空间仿佛增大了许多。心灵安静，精神就安定。几多的思考就如流水般飞下。

相传乾隆下江南，面对长江，问高僧法磐："长江中船只来来往往，这么繁华，一天到底要过多少条船啊？"法磐说："就两条船，一条为名，一条为利。”司马迁也在《史记》中说：“天下熙熙皆为利来，天下攘攘皆为利往。”大千世界，芸芸众生，名与利似乎占据了整个心地，仿佛生命就是由名和利堆积而成的。除了名和利，心灵便无安放之处，自然也就找不到自我了。于是，整天忙忙碌碌的却不知道在为啥。黎巴嫩著名诗人纪伯伦曾经感叹：“我们已经走得太远，以至于忘记了为什么而出发。”的确，整天的奔波、忙碌，我们已显得极度疲倦，人生的目标已经变得虚无。那么，就孤独一阵子吧，在孤独中拾得一片宁静，享受一刻从容，让生命中本该有的重新安放于心中。

的确，一个人独处，昨日喧嚣东流去，心灵宁静如止水。此刻，我发现，已经许久没有如此清醒过了。清醒使心灵生出一双明亮的眼睛，把纷扰的世界、浮躁的教育看个清清楚楚、明明白白。清醒使我能够从日复一日的工作中看出一些门道，我们的教育因为剥离了生活，远离了儿童内心，我们的道德教育才落了空。梭罗说：“我希望世界上的人，越不相同越好；但是，我愿意每一个人都能谨慎地找出并坚持他自己的合适方式，而不是采用他父亲的，或母亲的，或邻居的方式。”独处中的清醒，更能让我看清自己。看清自己，路才好走；看清自己，才知道什么是自己需要的，什么是目前占据心灵却应该抛弃的；看清自己，才能勇敢地放下。放下自己的昨天，放下自己的经验，放下一切该放下的，因此也才能放进更多更新的东西,明天的路才能走得更轻松。也才能由此提升自己敢于“放下”的能力，让未来永远处于一个全新的境界中，真正找到属于自己的生活方式，从而以适合自己的方式去走一条真正适合自己的道路。

生活就像一条溪流，只有独处才是她的源头；生命就是一棵树，唯有独处才能提供向上生长的营养；教育就是一个花蕾，唯有我们的独处才能给予她开出美丽之花的力量。

“独与天地精神往来！”孤独才能让身与心真正融为一体，让生命处于空前的自由状态，傲然行走于世间。孤独能让我们保持心灵的宁静，排除生活中的烦忧、杂事，让生命多一些真实；也才能让我们永远拥有一泓瓦尔登湖，时时荡涤我们的灵魂。

让我们享受孤独吧！

拥有“地下室”，掘最棒的泉源

最棒的教师在成长过程中，自己的生活和工作也不可避免地会与这个社会接上轨，与“快节奏”打得火热，从“相恋”到“成婚”，仿佛不离不弃。自然，“来也匆匆，去也匆匆，就这样风雨兼程”也成为生活和工作的常态。不但如此，还要承受来自社会、学校、家庭的压力，面临各级各类的检查验收，还有学校内部这样那样的考核，当然更少不了钻研教材、备课、上课、改作业等事情。所以，我们和最棒的教师一样，俨然成为不停旋转的陀螺，被一种无形的力量鞭打着，如航行在没有航标的河流上一样，漫无目的，得过且过。渐渐地，我们倦怠了，躺在教育的某个角落里叹息着、萎靡着，如缺失脊梁一般地趴在岁月里自生自灭，也渐渐被时光遗忘着。我们就在这样的状态中迷失了自己，看不到前面的曙光，甚至也看不清脚下的路。

法国思想家巴斯葛在《沉思录》中说：“我们实在太傻了，竟然流连于并不属于我们的时光，而忽视了唯一真正属于我们的此刻。”因为浮躁，因为功利，我们如社会活动家，在这样那样的“园地”里忙碌着，然而“收获”却不尽人意，还荒了自己的“园地”（教育教学这一本职工作），忽略了当下真正属于我们的那份从容。浮躁、功利让我们的内心已无法安放下“一本书”，一本提升我们自己、重新出发的“书”。然而，为师、育人的责任始终在，放弃自己的责任，无异于扼杀孩子一生的幸福。

唤醒教育的良知，与时代一起成长，从而带动学生的发展，我们才无愧于“教师”这个称号，也无愧于教育这个崇高的事业。宁静，唯有宁静，我们才能听到自己内心的声音，才能真正看到我们肩上的责任，让内心的教育良知再次发芽。

《挪威的森林》的序言里有这样一句话：“每一个人都像是一座两层楼，一楼有客厅、餐厅，二楼有卧室、书房，大多数人在这两层楼间活动。实际上，人生还应有一个地下室，没有灯，一团漆黑，那里是灵魂的所在地。深处暗室，闭门独修，正是为了面对真实的自我。”是啊，每一个人，尤其是置身教育职场的我们，都应该有一间属于自己的“地下室”。

或许有人认为，这样的“地下室”我不就有吗？怎么我们感觉不到呢？感觉不到，说明早已不存在了，或早已远离了，因为我们已被自己“地上”那华丽漂亮的“房子”遮住了眼睛，挡住了直视“地下室”的目光。日本著名作家川端康成自获得诺贝尔文学奖后，受名之累、利之苦，热衷于被官方、民间、电视广告商等拉去“作秀”。天长日久，他渐渐地迷失了自己，不知如何解脱，最后自杀而了却一生。临终他对友人说过这样一句话：“我现在整天生活在高高的楼房上，一刻也不得安静了，我想拥有一间小小的‘地下室’，也成为一种奢侈和不可能。”这是多么巨大的一种人生悲剧啊！虽然我们没有川端康成这样的苦和累，但我们却依然需要一间属于自己的“地下室”，或是让自己曾经拥有的“地下室”再次回归。托尔斯泰说：“不要让外在的生活压倒内心的生活，不要磨灭和闭塞灵魂，要让灵魂成长壮大，让灵魂得到幸福，而只有灵魂的幸福才是真正的幸福。”我们需要安放好自己的灵魂，让灵魂为生命和教育敞开，并进而安放好自己的教育，自己的生命，让自己能时时面对真实的自我。

肯定地说，方方面面的压力我们都无法逃避，但我们可以避开喧嚣，在自己的“地下室”里建立一个自由而强大的精神空间。在这个空间里，像梭罗在“瓦尔登湖”一样，宁静地“生活”着，让自己的思想活跃起来、自由起来，让人格独立起来，对现实的一切作全面的审视，真切地判断我们所面对的现实世界，并拥有属于自己的价值取向，不跟风，不随波逐流，做自己生活的主人、生命的主人、工作的主人、成长的主人。如此，我们才能远离尘世纷扰，抵御这样那样的诱惑，在自己构筑的精神家园里为生活开泉引流，慢慢地享受生命所给予我们的每一刻。

哈佛大学有一个著名理论：人的差别在于业余时间，而一个人的命运决定于晚上 8 点到 10 点之间。南怀瑾先生说，生命的能源来自宁静。当工作停下来时，我们可以让自己真正住进属于自我的“地下室”，让自己安静下来，回忆过往的教育，思考教育的成败得失，咀嚼自我过往教育的“果实”。尼采说：“内省是十分需要的。故而我们的大都市特别缺少一样东西——一个能让人沉思而又安静、宽敞与延伸极广的场所，这场所需要高而长的柱廊，以便在恶劣的天气与烈日下亦可活动；那里不能有车马及人声的喧嚣，更禁止任何大声的祈祷（即使传教士也不可以）。这样，整个建筑及其气氛方能表现出一种自我灵魂与世隔绝的庄严肃穆。”这场所便是我们的“内心”。一个擦鞋匠说：“每个人都要像擦皮鞋一样去擦拭自己的内心。”擦拭是需要安静的，否则你会身不由己；内省也是需要安静的，一颗躁动的心永远也不会有内省生发，因为没有可以内省的时间和空间。唯有安静，我们才可能把灵魂的时空拓宽，让过往的教育回归，静静地思考、品味，让教育之味触摸灵魂，并进而用教育的酸甜苦辣刺激自己的灵魂，看到原来真实的自己，也让灵魂活跃起来，重新蓄积力量，让自己与教育依然如“初见”。

在这“地下室”里，我们也自能安放下许许多多的书，去阅读、去思考、去品味，去享受这份孤独，因为“书是人类发出的最美妙声音”。我们的生命是有限的，我们所面对的学生也处于不断的发展变化之中，而阅读才能增加生命的厚度，提升教育的力度，让学生因为我们的读书而享受到最好的教育。正如作家余华所说：“每一次的阅读都会使我们本来狭窄和贫乏的人生变得宽广和丰富，或者说使我们的心灵变得宽广和丰富。”更重要的是，在与一个个文字对话的过程中，我们的心会渐渐安静下来，并由此接纳来自书籍中更为丰厚的精神养料，让我们有信心、有能量面对现实中的一切，并游刃有余地解决，甚至能将不利因素转化为积极的因素为我所用。阅读也使我们的“地下室”更为美观和亮丽，像太阳一样照亮我们的教育之路，照亮孩子灵魂的成长之旅。

现实世界就这样，我们永远无法去改变它，但我们可以进行局部的改变——改变自己。拥有或找回自己的“地下室”，在工作之余，在里面漫步，让自我宁静，思考生命，让生命自由地舒展，哪怕曾经受伤，哪怕曾经彷徨，哪怕曾经迷茫，哪怕曾经无奈，在这里都可以慢慢地释放生命的原动力，让自己个性回归，独善其身，从而有尊严地站在教育圣地上，也定能为成就最棒教师而获得不断向上的能量。

会休闲，聚精气，得最棒

“会休息的人才会工作”，最棒的教师深知这一道理。可能有人会说，谁不会休闲呀？但事实上，真正会休闲的人却不多。《人类思想史中的休闲》里讲：“人人都会拥有空闲时间，但并非人人都能够拥有休闲。空闲时间是一种人人拥有的并可以实现的观念，而休闲却并非是每个人都可以真正达到的人生状态，因为休闲不仅是一种观念，而且更是一种理想。”再看看“休闲”一词的意思，我们就会明白，我们平时的休闲观念与真正的休闲是有差距的。“休”在《康熙字典》和《辞海》中被解释为“吉庆，欢乐”的意思。《诗经》中把“休”解释为吉庆、美善，强调人与自然的和谐。“闲”通常指道德、法度，“闲”通“娴”，有娴静、思想的纯洁与安宁的意思。

“人，诗意地栖居”是海德格尔对于人的精神生活的意义和价值的强调。可以说，只有我们自己诗意地栖居，方能为学生创造诗意地栖居的环境。诗意地栖居，很大程度上源于“休闲”。在休闲里活出教育生命的状态，活出自己的理想，也才能为工作提供正能量，提供源头活水。

在今天这个社会环境下，我们活得匆忙和浮躁，以至于在闲暇的时间里有的教师让自己走失了，由此带给学生的是一片迷茫。我们需要静。在学校里，面对几十个学生，面对这样那样的事，常常让我们无法静下来。但我们在处理这些事时又必须安静下来，否则，便可能给学生留下遗憾。“静”是为师的一门功夫，它的修炼往往需要在闲暇时间里进行。诸葛亮说：“夫君子之行，静以修身，俭以养德，非淡泊无以明志，非宁静无以致远。”业余时间里，一个人独处，想想上班时的事情，思考其中的成与败、得与失。在闲暇时间里，我们也需要留出让自己什么都不想的时间和空间，让心渐渐安静下来。安静的心是自由的，自由的心才能摆脱世间纷扰，也才能容纳更多有意义的事。只有“淡泊”，唯有“宁静”，才能让灵魂安顿，让心走远，让生命坦然而自由地活着，也才能真正过一种“朝吟风雅颂，暮唱赋比兴，秋看鱼虫乐，春观草木情”的生活和拥有“采菊东篱下，悠然见南山”的心境。

有语云：闲暇出智慧。教育需要我们会工作，而“会工作”所蕴含的要素也是相当广泛的，除了爱心与责任外，还需要有智慧、有能力、有素养。而这些，很大程度上是在闲暇的时间习染成的。从这个意义上说，闲暇是工作的基础。有人说：健康在早上，成功在晚上。在休闲的时间里，反思自己的教育教学工作，因为“反思得真谛，顺意开远怀。梦萦八万里，灵机自天来”。反思教育过程的缺失，教育方式是否恰当，教育方向是否偏离，教育行为是否恰切……思索相应的问题再次出现时该用什么方式去解决，应怎样处理才更符合学生的特点及教育规律。当然，在休闲的时间里也更需要读书。“才知源海文始为，腹有诗书气自华。”读书多，积累才厚实。唯有“厚积”，才能在课堂上“薄发”，才能提高课堂教学效率，因为“古今来许多世家，无非积德；天地间第一人品，还是读书”。在闲暇时间里，潜下心来，深深地读进去，遨游书海，品味书香，在长期而大量的读书中厚实底蕴，蓄足底气，提升人品，让心灵澄明和安静。从这个意义上，肖川教授才说：“一个懂得休闲的教师大抵是一个很有生活情趣的教师，他做人不会枯燥，讲课不会干涩。一个懂得休闲的教师大抵是一个懂得装点教育的人，他知道如何让教育芬芳弥漫。”

“成为人”是一个永恒的话题。尤其是在西方，这个话题一直在被人们津津乐道。“休闲是一切事物环绕的中心”“休闲是科学和哲学诞生的基本条件之一”“只有休闲的人才是幸福的”等观点对整个西方文明影响深远。“社会学家把休闲看成是一种社会建制以及人的生活方式和生存心态，拓宽对休闲的研究，将休闲理解为一种‘成为’的状态”，是实现人“成为人”的重要平台。其实，真正来说，休闲使我们真正成为教师。我们成为真正意义上的人，在休闲中除了思考教育，更思索人生。罗素说：“能否聪明用‘闲’是对文明的最终考验。”爱因斯坦说：“人的差异在于闲暇。”在闲暇时间里，抛却功利，让自己的心灵经历一次次纯净的旅行，与自然、与生命、与灵魂亲密接触，使身心得以放松。和谐与自身的种种关系，正如苏霍姆林斯基所说："作为紧张劳动（脑力劳动和体力劳动）之后的松弛是必要的……对于会休息的人来说，甚至消极地观看自然界和艺术品也是创造。只有当表面上好像闲着而实际上在进行积极的精神和体力活动时才是休息。"所以，"人倚木而休，使精神的休整和身体的颐养活动得以充分地进行，使人与自然浑然一体，赋予生命以真、善、美，具有了价值意义。"（马惠娣《休闲：人类美丽的精神家园》）会休闲，涵养生命，我们也才能成为"人"，成为真正意义上的"人"，成为完整的教师，从而提升自己及教育的精气神。

清人张潮在《幽梦影》中说："能闲世人之所忙者，方能忙世人之所闲。人莫乐于闲，非无所事事之谓也；闲则能读书，闲则能游名胜，闲则能交益友，闲则能饮酒，闲则能著书；天下之乐，孰大于是？"会休闲，让教育添底气、增灵气；会休闲，让自身更自由，让教育更自由和自然；会休闲，让我们更有理想、更有作为；会休闲，让教育更贴近孩子，更益于孩子成长；会休闲，让教育更开放，更富于创造。真正会休闲，我们才成为最棒的教师。

积极休闲，做中国好老师

能休闲，会休闲，积极休闲，是最棒教师一直了然于胸的。肯定地说，每天处于积极的休闲状态，我们才能为我们的工作储备能量，为持续的成长和教育的发展助力。

教师要更好地教好书、育好人，在校期间必须有着充沛的精神，而这皆源于积极的休闲。积极的休闲，追求人与自然的和谐，享受思想的纯洁与安宁，为明天的工作积蓄身体和精神的能量。

毛泽东说："野蛮其体魄，文明其精神。"这可说是一条铁律。身体健康，享受工作和生活才有根。休闲，不仅在工作之余，也包括工作的间隙。这些时间都可以加以利用，锻炼身体以强壮自己。锻炼的方式很多，伸伸胳膊，舞舞腿，随意走动走动，或是跑一跑等。

特级教师管建刚对小学作文的研究造诣颇深。他在上班时，每当眼保健操的铃声一响,他便拿出绳子跳绳。每次5分钟的“眼保健操”时间,他能跳绳1000下。

数学特级教师、北师大兼职教授、厦门教育局副局长任勇发表文章1000余篇，赴各地讲学600余场，出版专著90余部，可谓成果丰硕。为了健身，他每周都要打两次篮球，每次至少打2小时，其余5天都要去游泳，每次至少游1000米。身体的健康是他写作与思考的根基。

抽时间锻炼，不但强身健体，释放压力，而且能培养自己坚强的意志，在做其他的事情时才能有坚持下去的可能。当然，这里还存在着这样一种理由——我工作太忙了，哪有时间锻炼，哪有时间休闲。这理由似乎很充分。但是,一直工作就可能由“忙”至“盲”(盲目),最后便“茫”(茫然)了。因此，再忙也要休闲，要积极休闲。

曾看过这样一个小故事:

物理学家卢瑟福是一个诺贝尔物理奖的获得者。有一天，他发现自己的一个学生特别勤奋，别人都在休息的时候，只有他还在实验室做实验。

于是，他就问那个学生:“你今天上午在做什么呀？”学生就说:“上午在做实验。”“那你下午在做什么？”“下午也在做实验。”“那晚上呢？”“晚上还是在做实验。”

大家肯定想:这么勤奋的学生，人家都在休息，他还在那里从早到晚地做实验，一定会得到表扬。没想到，卢瑟福却将他批评一顿:“那你不就成了一个做实验的机器了吗？你用什么时间来思考呢？你不要总是做，一定要学会思考。”

的确，我们再忙，也要给自己时间思考，这也是积极休闲的一种方式。于光远先生说:“对人类而言,休闲是上帝的赠品,她让我们学会沉思、欣赏、创造，因而能诞生这世界上最美丽的花朵。”要知道，会休息才会工作。没有充分而积极的休闲，忙也只能是瞎忙。无论工作多忙，都要给自己休闲的时间。工作效率需要积极的休闲予以保障。比如，在工作之余，读读书，思考思考工作中的得与失，并梳理自己的工作，提出改进明天工作的措施。当明天的工作更轻松时,你便享受到积极休闲的成果。

很多名家大师，他们的著作往往是在休闲时间里完成的。在完成这些的同时，自己的能力也于无形中得以提升。他们以这种方式进行休闲，可以说，为自己的工作提供了超能量。

“对教师而言，享受生活有着天生的有利条件。只要我们打开所有感官，每天给自己一小段闲暇，那平素里再平凡不过的点点滴滴，只要你静下心来细细品味，都有无限风光蕴含其中。”（郑杰:《给教师的一百条新建议》）有时，我们得将工作之事完全放下，让自己彻底地放松，去享受生活。当然，享受不是放纵。有的人一提到享受，便认为是海吃海喝、疯狂购物。其实,它需要高雅而有度,不沉迷。唱唱歌缓解工作压力,可以;散散步放松自己，可行；与家人交流增进感情，不错；与妻（夫）儿逛街购物，挺好……这样的休闲，谁说不是一种享受呢？谁说不是给忙充电、为忙储备能量呢？肯定地说，享受生活才能享受工作。

我们学会积极的休闲，涵养自己的精气神，为教育提供正能量，我们的教育将会希望满园，生机倍显。积极休闲，成就中国好老师；积极休闲，做最棒的教师。

第四章 勤研，强指导

1. 最棒的教师是一个乐于研究、勤于研究、精于研究的人。是研究，让他更有力有为地置身于教育圣地；是研究，让他练就了洞察教育的慧眼；是研究，让他在专业成长的道路上自信地行走；是研究，成就了最棒教师，也成就了教育。

2. 最棒的教师善于研究，更善于教学。他的善教源于善研，源于将研的成果转化为教的生产力。他的研与教彼此整合，相互融通。没有单纯的研，更没有单向的研转为教，而是研与教的双向互动。

3. 最棒的教师更善于从研究的组织中汲取营养。在组织的熔炉中锤炼，不断提升自己的研的素养、研的能力、研的勇气，从而反哺自己的教育教学工作，助自己、学生和教育都成为最棒。

第一节 个人，研教结合指导教学

不做“课奴”，与最棒共舞

课改十几年来，新理念（理论）、新的研究成果（管建刚的“先写后教”等）、新的模式（江苏洋思中学的“先学后教，当堂训练”模式等）如雨后春笋，为课改进行了很好的诠释。然而，我们应该看到，还有不少老师躬着身，低着头上课，人云亦云，成了课改的奴隶。如何才能做到如王栋生（吴非）老师说的那样不跪着教书呢？当然，首先是思想上要站立，其次是姿态和行为上要站立。如此，才会真正成为课改的主人，成为最棒的教师。

一、爬着走的，得给自己骨力

相伴《基础教育课程改革纲要（试行）》（以下简称“纲要”）的新一轮课程改革以及与之同行的“课程标准”也经历了2001年的实验稿及2011年版两个阶段。从实施的情况来看，由刚开始声势浩大的轰轰烈烈到渐渐冷却，到重复昨天故事的涛声依旧。

课改实验的过程是一个探索的过程，是一个向着课改目标百折不挠的过程，但我们却缺乏持续探索的意志、向前的勇气、无悔的决心。课改精神缺钙，课堂患“骨质疏松症”，只爬着走在课改路上。

“纲要”和“课标”只给我们方向和理念，路还要靠我们自己走。课改之路上，风霜是有的，雨雪也肯定不会少。改革的阵痛、道路的曲折，总是横亘在我们面前。“没有人能随随便便成功”，课改又何尝不是。

失败总是会有的，改革不是安乐窝；困难也总是存在着的，课改不会总是艳阳天。“一个人并不是生来要给打败的，你尽可以消灭他，可就是打不败他。”（海明威）在课改的路上，有失败，但我们却不能被失败所打败。“当人浪扑来的时候”，当个人势单力薄不足以抗衡的时候，我们为什么不与“伙伴们拉起手，风雨同舟”？向大师学习，向书本学习，参加培训（现场的、网络的），参加名师工作室、网络共同体、QQ群交流。让这些渠道为自己提供钙质，以补钙强教学之骨。

既然困难不可避免地会到来，既然我们无法绕开这些阻碍，既然我们必须走课改之路，那我们为什么要选择放弃？

《当代教育家》杂志执行主编朱文君上课很好，演讲好，文笔好，但她却把自己穷在小古文的教学和课程建设里。经过六年的努力，她的小古文教学、小古文课程、小古文的教法已经成为非常成熟、非常完整的系列。六年，始终如一地做，其间遇到了多少困难，牺牲了多少休息时间，付出了多少常人难以想象的汗水和心血。但她没有屈服，而是在这一领域成长起来了。

课改是一个过程,更是一种精神。必须“钙源”充足,方能彰显其精神。坚守自己的课改阵地,让自己课改的“骨力”坚固,有力地站立在课改的高地。

二、跪着走的,找到自己的拐杖

在课改天地里,每一个老师都应是独立的“我”。“我”必须区别于“你”和“他”。在“我”的课改路上,必须是“我”在行进,留下的是“我”的影子,别人看到的是“我”的身影。

刚开始进入课改,名家的引导、专家的讲座让我们热血沸腾,我们也雄心勃勃,也梦想着构建起自己的课改大厦。走着走着,我们走到别人那条课改路上去了,以至于迷失了自己。于是,我们便在自己的课改沧海里,去讲述他人的课改桑田,一味地跪拜在他人成果的巍峨峻岭里。就这样,日复一日,年复一年,“换汤不换药”“新瓶装旧酒”,穿着新鞋走着老路却浑然不觉。我们成了鲁迅笔下的孔乙己,成了中举之前的范进。

跪着走,能看到什么?低头,只看到眼前的一小段路。抬头,只看到他人(教材、参考书、名家)的背影。于是,在教学中,教师以教完教材为天职。学生呢?是盛装知识的“水桶”。“‘知识’总是外在于学生的发展历程,没有促成知识与人(学生)的发展‘相遇’。”教师没有思考,只是一个忠实的执行者。正如英国一位数学家所批评的这样:“每个学生就是指向大学的一门大炮,12 年的基础教育就是由教师不断地往炮筒里塞火药的过程。教师就是炮手,12 年准备期到了,炮手点燃了每一门大炮。结果,有的大炮打到了目标,有的没有。无论是否打到目标,那一门门大炮剩下的都仅仅是空壳。”对此,我们难辞其咎,因为这是没有思想的结果,是我们的罪过。

不管课改改什么,最终指向的都是“人”,要最终达成人的自然生命和精神生命的健康成长。而如何让其健康成长,却是我们必须思考的主题。

有“我”的思想,就要有敢为天下先的勇气和实践,“我”的实践浸润“我”的思想、丰富“我”的思想。法国思想家帕斯卡尔说:“人是一根能思想的苇草。”人是脆弱的，但因为有了思想，便有了站立的尊严。我们需要去建立自己的课改征程和课程体系，至少要扎实做好“我”的教学。苏格拉底说:“没有经过省察的生活是不值得过的。”这也即是说，没有经过“我”的思考和省察的教学没有价值。而这个过程即是培育自己的思想，拥有自己站立于课改天地的拐头的过程。如此，我们才能过独立的课改生活，才能以独立思考培育独立思考，以思想浸润思想。

三、跟着走的，找到自己的方向

十多年的课改,涌现了许多成功的典型,如山东杜郎口中学的“10+30模式”、江苏洋思中学的“先学后教，当堂训练”模式等。向他们学习，无可厚非，但怎么学，则是个问题。

鲁迅先生提倡“拿来”，但他说:“我们要拿来。我们要或使用，或存放，或毁灭……然而首先要这人沉着，勇猛，有辨别，不自私。”但我们却是不加选择地“拿来”,跟在别人的后面学。自然,最终也只能停留在“山寨”水平上。

但不妥的做法是，一时跟在这个模式后面学，一时又跟在另一个模式后面学。要知道，总有典型在出现，学得过来吗？“一年一个新花样，学来学去学不像；刚刚学来有点像，又来一个新花样。”总跟在别人的后面学,累得气喘吁吁,最后却发现,不但自己还在原地踏步,还荒废了时日,更荒废了自己和学生。所以，肯定地说，学这样那样的模式，必须融入创造性，不能忘了自己前行的方向。

“纲要”和“课标”给我们灯塔，但我们得朝着灯塔的方向努力前行。很多时候，我们明知被某种思潮、某种模式、某种理念剥夺了自己的思想意识，淹没了自己的行程，却还在为它摇旗呐喊。看到“纲要”和“课标”所树立的标杆，确定自己的课改方向，才是我们应然的行为。

小学语文名师韩兴娥，针对教学中的现状，确立了自己的方向，那就是改变语文课程结构，拓展阅读面，进行海量阅读。经过十几年如一日的坚持不懈，她成功了，她的海量阅读教改实验取得了令人瞩目的成绩。

确立好自己的方向。那方向，是自己在课改中成长的方向，是学生前行的方向，是为着学生成人和成长的方向。这方向，是始终关注学生学习的状态和现状的方向；是发掘学生潜力，培育学生“善良、丰富、高贵”的方向。

俗话说：行者常至，为者常成。面对课改，定好目标，用“我的地盘我做主”的心态，始终如一地“不走寻常路”，摆脱课改奴性，走出一片属于自己的课改天地，成长学生也成就自己，为丰富课改内涵尽一份自己的绵薄之力。

诊断课堂浸润“最棒”

最棒的教师能用自我所掌握的知识、技能或理念，指导他人走出困局。现实中，我们常深陷于课堂，需要外力的帮助；有时虽然通过长期的案例研究，提高了自我掌控课堂的能力，但这种能力只局限于个人。正因为如此，如若我们涉足教坛时有远大的理想，让自己成为最棒的教师，就必须在教学之余加强课堂诊断的学习。

当下，我们要提高别人对自己的认可度，最有效的办法是帮助他人发现课堂症结，并予以纠正。

现代的课堂病症很多，无形中给很多有能力的教师提供了体现自身价值，并得到大家认可的机会。因此，我们在积极诊断自己的课堂外，还要大胆诊断他人的课堂，帮助他人改善课堂，以达到证明自己的教育教学能力的目的。

不少人对“课堂诊断”进行了研究，提出不少新的想法。但是，目前人们所理解的“课堂诊断”仍存在一些不合理的方面。比如，一些人没有很好地区分评课和课堂诊断，在开展课堂诊断的同时还是采取一种评课的态度，好的方面几点，不足方面几点，类似于对课堂的整体性评价。又比如，许多人首先定出一套评价的标准，然后形成一条一条的指标，制作成表格，依据表格给课程打分，进行诊断。这种诊断更像是一种考核，而不是发现课堂教学中的问题。

总之，课堂诊断更应提倡一种个人化的诊断方式，用自己头脑里不断完善的理想教学和自己课堂中的实际表现进行对照，判断自己教学中出现的问题。当然，适当运用科学的观察、录音、录相、表格和测量工具也未尝不可。

教学质量是学校教育的生命线，高品质的课堂是学生成人成才的重要保证。然而，经营好课堂并不容易，最有效的办法是发现课堂的问题，一步步改善教学而获得成功。课堂诊断能帮助我们提高课堂目标的达成度，而且它是每一个教师都能动手参与的教学研究，更是突破教育困局最为有效的手段。这就要求每一位教师在课堂案例研究的过程中，还需加强对课堂教学中常见症结的了解和学习，当问题来时大家才可能更好地未雨绸缪，防患于未然。

我们要使自我强大，掌握课堂诊断的知识，是非常有必要的。在观察中发现，很多教师已经习惯于自己的问题让他人指正，认为解决课堂问题是专家才可为的事。其实，真正能解决问题的专家中很多原来就是一线的教师，只不过他们大脑里多装了一些有关课堂诊断的知识罢了。所以，我们要有课堂诊断意识，积极参与到课堂诊断中去，就一定能为自己赢得一片灿烂的天空。

课堂诊断是一门系统的学问，在不同人的心目中有不同的理解。但为了发挥课堂诊断的价值，我们还是觉得有必要提出一些可供商榷的做法。

第一，深入挖掘课堂细节。对自己的课堂做出一个好坏的评价，似乎已经显得太浅显。显然，今天的教师不怎么需要那些夸夸其谈的表达，而是要直面课堂的问题，找到提高的生发点。因此，“课堂诊断”应该把细节作为切入点，关注一两个片段中的细节，展开批判性的反思，利用各种思想资源和他人经验，进行挖掘和琢磨。

第二，做好课堂日常诊断工作。每次上完课，并不意味着结束。我们自己应该对这堂课的效果进行评估，尤其是那些进展不顺或者存有疑惑的课堂进行课堂诊断。只有养成这样的习惯,我们才能确保自己是在“用心”上课，才能尽量克服自身教学中的毛病。

第三，强化课堂诊断个性化行为。许多人常把课堂诊断理解为大家集体听评课，我更愿意将其称之为“会诊”。但更多的情况下，还是个人化的诊断。个人化的诊断最重要的是深入内心，叩问自己为什么这样做。

其实，所谓教学反思、教学诊断，最终的落脚点都在于改变。只有课堂中我们行为的改变落到实处，才能促进自我的强大，逐步迈入最棒教师的行列。

教研并行，争做最棒

教为了学生，研为了提升自身修养，最棒的教师深谙此理。通过研这种力的作用教师可以促进自我完成受教育的过程。只有全身心投入教，成为追求的目标，研才自然地成为重中之重。

我们的职后发展，需将更多自然的概念（如且教且研）纳入进来，因为很多人都不愿意将自我教育以发展的方式纳入规划。教是一种习惯性的常态行为，它几乎锁定了教师的生活，研还处于非常态行为的序列，真正要将教研并轨，并达到常态化，定然会影响到我们的生活。为了促成自我教育的完成，无疑会呈现出新的生活方式，或是呈现出新的存在方式。其实，这些所指向的发展全然属于一个人为的过程。我们只有敢于迎接和正视，方才可能真正接受新的生活方式。

生活需要转型

学习是学生的生活方式，教学是教师的生活方式，但生活方式并不代表目的，只是达成目的的原因。我们往往因目的不同、追求不同，结果导致不同的生活方式。但可以肯定的是，一个注重于自我发展并注重自我教育的人，肯定比只教而无研的人的生活更丰富和充实。

且教且研，定然属于一种新的工作生活方式。只要将自我教育所致的发展作为目的,便是对传统职业生活方式的革新,其转型便已迈开步履。

对于所有人而言，生活并不只是工作以外的时间，还包括工作内的时间。且教且研，自我教育的过程中，其转型不但对工作内时间产生新的影响和要求，同时对工作外的时间无形中产生了影响和要求，打破了原定的生活方式。

改变习惯，从改变思维开始，方才可能获得成功。能将自我教育（且教且研）纳入生活，是对生活方式的调整，是对自我发展认定的体现。虽然不需再进一步认识那些为达到发展目的而近似于疯狂般的努力，但必须明白生活方式之改变是其真正的改变。

且教且研，实质是一人为的过程，即需要人为意志巩固，让自我教育得以实现的过程。我们因教而上心，同时会因研而上心，必然给生活带来变化——工作以内的时间感觉不够用，自然便会把工作以内的时间延展到工作之外的生活中去，生活更单一化。

教育研究需要有相应的素养给予支撑。教师只有将工作、生活与学习融为一体时，全部思考、行动高度统一时，方才可能获得大成。教向研转型后，生活同时会转型，需要我们去适应，有勇气打破传统的生活方式，甘心地接纳新的生活。

把好转型后的关键期

改变一个人，最难的是改变其生存方式，当然包括自我的改变。我们没有发展，其背后都有固定的生活方式，以及给予支撑的习惯性行为——教。没有发展，其实他们早已习惯于没有发展，习惯于通过教表达自我的生存方式。且教且研实现其生活化，自我发展自我，是对自我保护的体现和对自我人生价值的锁定。

且教且研，原本就是一个修炼的过程，一个让自我懂得放弃与懂得取舍的过程，比只进行常规性的教更劳力、劳心，更需要时间和精力给予支撑，是一个不断适应的过程，是苦中存乐的体现。

把握且教且研的关键期，以及在生活转型后的适应期，不能急于求成。真正由教向研转型，关键期和适应期多在三个月至两年。真正要拥有属于自我的课程产品，整个过程至少需要三至五年打基础，五至十年磨一剑，十至二十年方才会硕果累累。万事开头难。我们必须充分认识到，把握好转型后的关键期和适应期，特别是在转型后的两年时间里，更需要克服浮躁，真正去做事。通过教打好研的基础，通过研促进教的质量提升，才可能迈过适应期。

人为过程的把控

在整个且教且研带来的变化中，我们必须紧紧抓住前面所提及的人为过程，这是对生活方式之变的方向把控。从事教育教学工作是我们知识素养呈现的过程，实现教、学、研的结合是更多人为的过程。诸如加强前瞻理论的学习、现代信息技术的操练、课题实验技巧的掌握、学科教育心理规律的探悉等，这些都是需要于教学之外予以弥补的东西。

人为的过程也是最容易出现问题的过程，必须搞明白自我应该做什么，不应该做什么，以及怎样解决必须正视的冲突。新生活的开始，冲突也会紧随登场。最初，教育教学与教育科研之间冲突凸显；其次，原有生活与现实生活之间产生冲突；最后是教师群体之间的冲突。解决这些冲突,关键在于教学外时间的把控。只有将教育教学与教育科研很好地融合，方才可能解决冲突，才会因这而突然发生质变。

且教且研，让教育科学研究成为自我的发展和需求，并能真正将自我教育工作（8 小时以内）与生活（8 小时以外）融为一体，让教育研究成为自我生命价值里的一部分，这是我们成长的基点。且教且研，改变生活方式；且行且棒，收获教育的幸福。

教学反思——最棒教师的生活方式

最棒的教师是研究者，是教学反思的忠实执行者。他知道，教师成长的规律是“经验 + 反思 = 成长”（波斯纳），而且《基础教育课程改革纲要（试行）》中也强调教师要对自己的教学行为进行分析与反思。由此可见，教学反思对我们的专业成长是极其重要的。

教学反思就是对自己的教学行为所进行的审视和分析，是与自己的教学所进行的对话，它不同于我们常说的“回顾”，它含有反省、思考及探索的性质，属于“研究”的范畴。尤为重要的是，这能把“研”和“教”有机地融合起来，做到在继承中创新，使自己的教学不断超越，从而推动自己不断成长，享受到教育的幸福。

一、最棒的教师认为，反思要及时

曾子曰：吾日三省吾身。我们的教学工作也应该这样。虽然教学工作是每天都发生的行为，但它不应独立于我们的反思之外而存在。那么，多长时间进行教学反思呢？有的说一月一思，有的说一周一思，有的说一日一思。我认为，这些都不是教学反思的真正状态，教学反思应随时随地地进行。有语云：我思故我在。既然教学行为在进行，那么，反思就必须紧紧地跟随。

德国心理学家赫尔曼·艾宾浩斯研究发现，遗忘在学习之后立即开始，最初遗忘速度很快，以后逐渐缓慢。不难想象，等一切都忘得差不多了，或者全忘记了，我们再反思，能得到什么呢？可以说，教学中的很多东西是稍纵即逝的。只有随时随地地进行反思，我们才能真正捕捉到教学过程中的精彩与失误，尤其是教学中那些细微的，往往不易察觉的方面，更会因我们的及时反思而浮出水面，从而会为我们今后的教学打开一片新的天地。

踏上工作岗位，我拜一位经验丰富的老教师为师。师傅告诉我，要做一个善于反思的人。我时时践行着这句话。在我的课堂中，我一有灵感闪现，就记录下来，原来是一个小本子，有手机后，随时记录在手机里。有时是一句话，有时是几个字。在课后，或是休息时，就立即输入到电脑里。刚参加工作不久，我就写出了好几篇论文，还在当时万州的《三峡教育》发表。很多人问我是怎么做到的，我告诉他们，是“读书”和“反思”。

二、最棒的教师认为，反思要有可视性

俗话说：好记性不如烂笔头。教学是一门遗憾的艺术，一个经常反思

的教师，就会发现自己教学中的一些不足。但不管是精彩的，还是令人感到遗憾的，都必须及时记录下来。因为即使后面忘记了，还有本可查。否则，自己反思到的那些精彩的东西就会如过眼云烟。

让教学反思具有可视性，我们才能真正发现自己的教学轨迹。不管是成功的，还是失败的，都可以循着记录了解我们的教学是在进步，在原地跑步，还是在退步。我们还能从中看出过去所出现的问题是克服了，还是“涛声依旧”。把教学反思及时记录下来，我们更可以对自己某一时段的教学工作进行分析，真切地感知自己实际的教学状况，把握自己的教学风格是否在正向发展，了解自己的课堂是否充分体现了课改理念……

还记得那次上五年级的课文《慈母情深》时，在揭示课题后，好多学生都针对题目提出了问题，而其中一个学生提的问题是——文中还写了“那天，我用那一元五角钱给母亲买了一听水果罐头”，我觉得题目应该改为《母子情深》。当时，我把这个问题给忽略了，上着上着，我发现如果从这个学生的问题入手，更利于引导学生去阅读和感悟。于是，我立即记下:《慈母情深》，换题目。以后遇到类似的问题时，我都要快速地思考一下，并根据情况及时改变教学策略。我知道，再遇到这篇课文的教学时，即使不一定非得用这个方法，但至少，我再次翻阅自己的教学反思本时，会多一种预设，在课堂上真正达成“以学定教”。

三、最棒的教师认为，反思在于超越

有专家说：反思三年成名师。如果仅仅是反思时“激动”，反思后“一动不动”，那永远也成不了名师。专家的话其实是告诉我们，首先必须深入地进行反思，而更重要的是，反思之后，必须针对自己已经过去的教学行为进行深入的探究——成功的，如何在以后的教学中灵活地运用；失败的，则了解其失败的原因，以及如何在以后的教学中避免。同时，针对过去的教学，思考以后的教学又该走怎样的路。如果把反思看作是坐而论道，而据此改进以后的教学则是起而行道。只有二者相结合，我们才能算做是在走自我发展之路，成为名师才具有可能。

我们的反思，不仅是总结过去的成败得失，获得一些创造性的见解，提高以后教学的能动性、目的性，使自己真正成为教学和研究的主人，更重要的是，能整合“研”“教”，提升“教”与“研”的水平，升华教学情感，提升精神品位。

所以，通过教学反思，感知自己教学的成败得失只是其中一个必不可少的环节，而更重要的是把每一次的反思当作新的起点，在继承中创新，使自己的教学不断超越，从而推动自己不断成长。

不断进行教学反思，不断改进我们的教学，才能建构起我们鲜活的教育生命，从而让我们的教育灵魂多一些思想。如此，我们才算是真正的教育人，也才能真正得以成长，成为最棒的教师。

第二节　参与团队教研，指导个人成长

在教研组内自觉提升个人素质

管理学中有个木桶理论：一个木桶由许多块木板组成，如果组成木桶的这些木板长短不一，那么这个木桶的最大容量不取决于长的木板，而取决于最短的那块木板。如果把一个教研组比作一个“木桶”，那么，它能给教研组的建设以诸多的启示，最棒的教师也应从中受到启发。

“木桶理论”告诉我们：如果要盛更多的水，就要将短板接长。有语云：“一花独放不是春，百花齐放春满园。”“众人划桨才能开大船。”最棒的教师深知，一个教研组的实力往往不只取决于某几个人的超群和突出，更取决于它的整体状况，取决于它是否存在某些突出的薄弱环节。组内教师整体实力低，不利于组内的教研工作深入开展，研究只会停留于浅表层，无法深入到教学工作的核心。如果组内教师研究能力悬殊太大，面对一个研究课题，则可能会出现能力低的教师“吃不消”、能力强的教师“吃不饱”的情况。这两种情况都不利于教研组这只木桶盛装更多的

研究之水。

如此一来，就需要提升“短板”教师的教学能力及研究素养。谁是“短板”？“短”在何处？最棒的教师总会分析自我，也和教研组长一道通过一定的方式（如观其课堂教学，现场撰写案例分析等），尽可能全面地把握其“短”。之后，最棒的教师主动确立自己加“长”的措施和办法，给其他教师以引领。当然，最棒的教师也会与教研组长一道把握教研组的整体情况，以及某个（或某几个）“短板”教师的成长阅历、个性特征、发展背景等分析其“短”的形式和“短”的根源（是思想上的，还是本身的能力缺陷等），共同找出其增“长”的最佳措施，是培训，是学习，还是互帮互助，还是让其加强“锻炼”等。然后，针对其“短”的原因，运用恰当的“表达式”促使其增“长”。最棒的教师在率先成长起来后，也会和组长站在教研组全局和局部来观察和发现。比如，站在整个教研组看，A 老师是“短板”；如果从局部（某个研究内容）看，可能 B 老师也是“短板”。

最棒的教师在找到自己和其他教师的“短板”以及“短”的原因后，会和他们拟定各自的增“长”的计划，然后一步一步地落实。如此下去，本组教师的教育教学水平、教学研究能力就能不断提升，从而在提升教研组整体实力的情况下促使本组的常规教研活动、主题研究活动稳步推进，循序渐进。如果课堂教学水平低，那就根据其实际情况通过引导其学习课程标准、教育理论，以及指导备课，观摩其课堂教学，实事求是地评课，提出改进措施等方式来引导。通过一段时间的跟踪，在促使其提升的同时，发现新的问题，提出新的解决办法，从而逐步让其得以发展。

最棒的教师明白，在提升“短板”教师能力的同时，不能形成新的“短板”。苏霍姆林斯基说：“如果你想让教师的劳动能够给教师带来乐趣，使天天上课不至于变成一种单调乏味的义务，那你就应当引导每一位教师走上从事教育科研这条幸福的道路上来。”这虽然是针对学校管理者说的，但同样也适合教研组的教师。组长在引领“短板”教师发展的同时，自然会统筹规划，基于“同伴互助”，但又不能仅限于此。必须激活“短板”教师自身的潜力和活力，唤醒其成长的欲望，给其找路子、搭台子，促其真正走上研究这条路，在主动的实践与研究中真正得以成长。同时，也要兼顾“长板”教师,给其更高的目标和平台,让其腾飞。这既是让“长板”教师向更“长”处发展，也能给“短板”教师以榜样和目标。

最棒的教师应当主动作为，主动与组长一道，为全组教师的整体发展出谋划策,从而为教研组的“百花齐放”加油助威。在群体中发展自我,为最棒奠基。

与教研组内教师之间团结协作

教育家陶行知说:“倘若活人之塑像是由于集体的创造，而不是个人的创造，那么这成功失败也是属于集体而不是仅仅属于个人。在一个集体当中，每一个活人之塑像，是这个人来一刀，那个人来一刀，有时是万刀齐发。倘使刀法不合于交响曲之节奏，那便处处是伤痕，而难以成为真善美之活塑像。在刀法之交响中，投入一丝一毫的杂音，都是中伤整个的和谐。教育者也要创造值得自己崇拜之创造理论和创造技术。活人的塑像和大理石的塑像有一点不同，刀法如果用得不对，可能万像同毁；刀法如果用得对，则一笔下去，万龙点睛。”(《创造者宣言》) 最棒的教师很清楚，教师之间的协作能力在学校教育里是十分重要的。

根据管理学中的木桶理论，我们不难得出：如果木板都是一样长，但木板与木板之间存在缝隙,那么其容量只能为零。同样,在一个教研组里,即使每个教师都成为长板，如果教师之间存在着不配合、不协作，甚至互相拆台的现象，那么，“教研组”这只木桶同样存在无法盛水的状况。由此，不难看出，教研组要成为一个和谐发展的整体，除了“木板”尽可能长短一致外，更重要的是“木板”与“木板”之间要配合紧密，达到“天衣无缝”。

教研组是学校的一个组织单位，尽管小，但其作用是不可低估的。就像“少年强则国强”一样，每个教研组强，则学校的研究氛围就浓烈，学校也会因此而“强”。而教研组的强，除了每个人的“强”以外，更在于大家能团结协作，共同向着学校的发展规划、科研兴校的目标前行。教师之间的团结协作能力强，那么，教研组开展活动时才不会出现各自为政的现象，才能有序地进行。如此，目标的达成度才高。一个教研组内的教师，虽然其能力是参差不齐的，但如果人人都能尽心竭力地按照教研组的要求去开展活动，去读书、去反思，那么，在活动中，大家才会尽可能地投入精力、智力，在你来我往的交流碰撞中得到属于自己的收获,能力也会有所提升。这自然又反过来助力学校课堂教学效率的提高，从而最终让学生受益。

第斯多惠说:“只有不断进步的人才有教人的权利。”每个教师的进步有赖于自己的努力与奋斗,但在人类历史的长河中,个人的力量是有限的。虽然“居高声自远,非是藉秋风”,但其能“居高”,总有为其搭建平台的“物质”。而今诺贝尔奖的获得，同样有团队的努力；卫星的发射上天，离开了几千人的努力，是不可能达成的。自然，我们的不断进步也离不开一个优秀的团队，而在学校这个团队中，教研组可说是最直接和最有力的。所以，第斯多惠还说:“如果一个人长年累月都用群体力量来探讨思想的收获，那么自己的思想就会越来越发育成熟、越来越完善。这种思想进步的喜悦不管持续多久，决不会使你忘乎所以，而不去发现自己的判断力已逐渐成熟。人们就是用这种成熟的判断力来观察事物，正像一个人从山峰上下山，小心翼翼地、目光敏锐地俯视着那些不显眼的一个个高高低低的小山坡，俯视着那些登山时步步攀登过的艰险断岩与峭壁！人们就是这样一步步攀登到人类的顶峰，按照上帝赐给每个人的力量的大小,步步接近尽善尽美的境地,逐渐发育成熟,走进那原始灯长明的区域。”(《德国教师培养指南》)所以，最棒的教师知道，只有增强组内教师团结协作的能力，营造积极的研究氛围，打造积极的群体力量，才能让每一个教师借助教研组的力量不断前行、不断提高，不断为自己搭建起更高的发展平台。

我们教研组内的教师是由不同年龄、不同性别、不同学历和不同经历的人组成的，自然，思想观念、教育教学方法、教学手段等诸方面都或多或少存在着这样那样的差异。如何让这些教师之间没有隔阂，步调一致，互相补台，最棒的教师会和大家一起融入教研组，和大家一起共同进步、共同成长。同时，和全组教师在学校的总体目标下开展活动，调整心态，共同努力，共同为教研组这只木桶多装水的目标而消除彼此间的“缝隙”，紧紧地“抱在一起”。

一根筷子易折断，一把筷子折断难。最棒教师和组内教师扎实有效的团结协作，一定能让教研组这只木桶的每块木板实现无缝连接，真正帮助教研组盛下更多的水，助力教研组在学校的发展、教师的专业成长、学生的身心双健中发挥重要的作用。

最棒教师在团队中不搞“一团和气”

最棒教师在参加团队研究及研修时，总是尽心竭力，总能发出“自己的声音”，且与团队成员一起讨论、一起探索，求同存异、共同成长。

很多时候，我们在研修评课时，总会“掌声一片”，仿佛在这样的团队中来展示的课什么都是好的，是无可挑剔的。甚至专家在自己的讲座中也偶尔对展示课的某个环节（包括结课）作为案例而大加赞赏。大家对专家的讲座也无不点头称是。这样的团队研修，真可谓是“一团和气”。这其实背离了团队研修的初衷。团队研修是使参与的每个成员理性地看待呈现在眼前的课堂及专家的讲座，发现可供借鉴的地方和存在的问题。尤其是对存在的问题进行切实的研讨，让自己在以后的教育教学生活中避免类似的问题，也因此碰撞出切合个人（或属于自我）的发展方向、策略（方式）与措施。

借新课改的东风，研修团队如雨后春笋般冒出。一些有着共同志趣的教师走到一起，为着成长且研且修。谈及“成长”，或许我们都认为，那就必须要能成为名师，或是能独当一面。这其实是一种片面的理解。若是研修团队里的每个人都能这样，那绝对是教育的万幸。但事实上，这有难度。参加团队研修，的的确确是为了成长。而成长，可以肯定地说，是每个人在自己原有的基础上，有教育教学理念的丰富、认识的提升，教育实践方向趋向正确以及策略的更新，教育教学思维的有序和延展。而在研修中，亦步亦趋，跟随大流，没有自己的主张，我们最终不但不会有所提升，还会迷失自己。

最棒的教师认为，团队研修只有摒弃“一团和气”，方能彰显发展的生气。

有备而研，“未成曲调先有情”。“凡事预则立，不预则废。”研修只是一段旅程，如若有真正的收获，应归功于充分的准备。没有准备，仓促入研，极有可能找不着北，肯定研而无果。大诗人陆游说：“汝果欲学诗，功夫在诗外。”每一次研修，都肯定有个主题，都有相应的活动。研修之前，应制定出详细的活动方案，下发到每一个团队成员手中，并要求针对此次研修活动提前做好准备，包括材料及思想等准备。如有听课活动，则需提前熟悉教材，去结合教材和课标理念，站在自己的角度备课，还得提前熟悉学生的学习心理特点以及了解做课教师的个人素养及教学风格。之后，参与听课，才能胸有成竹，才能听出所以然来。自然，在研修的时候，才不会人云亦云，才能提出自己的观点。当然，也尤其要进行理念及理论上的准备。如此，在研修的时候才能以理论引领自己的思维，对本次的研修活动有更加理性的思考，才能发现其中的问题，更加明确地提出自己的见解和主张。自然，也才能在与他人的认识及观点的交锋中，获得属于自己的认识。

团队研修行动中，每个成员积极准备，是研修目标达成的重要保证。每个成员都是主体，都应发挥其主观能动性，这自然需要每个成员带着理性思考走进每一次的研修活动，也更需要在研修中融入自己的理性思考。有一次，我参加一个研修活动。事前大家只知道主题，却没有相应的准备，所以每个成员才在活动中说些不痛不痒的话，使研修活动流于形式，研修活动也只是大家聚了一次而已。只有准备充分，研修时各成员才会胸有成竹，才不会无所适从，才能真正研有所获。

团队研修需有“的”。“的”，箭靶的中心，前进的方向。团队研修，没有明确的“的”，研修只能如无头苍蝇，如“脚踩西瓜皮，滑到哪里算哪里”。每个走进研修团队的成员，都希望有所成长，并最终成熟起来。我们都知道“水滴石穿”这个成语。其实一滴水的力量多么微弱，可它不断朝一个方向滴，滴到一定时候，石头被滴穿了。

可以说，水滴就是瞄准一个点，持之以恒地滴下去，才达到目的。其实，我们开展团队研修也应该如此啊！

团队研修，首先在于团队有明确的研修规划，以某学科（语文、数学等）或某一个点（理论修养、课程构建等）为指向，以一个阶段（时期）为时限，制定出整体的规划。而对于奔着发展而来的团队成员，则在团队规划的基础上制订出个人的研修计划。确立好了自我发展的“的”，而后才会在每一次研修活动中融入创造性，才会有的放矢，也才不至于为“一团和气”的研修活动推波助澜，并最终在坚持不懈的研修中得以成长。

“君子和而不同，小人同而不和。”（《论语·子路》）团队研修必须走出“一团和气”的樊篱。最棒的教师深知，团队中每一个成员都具有唯一性，是唯一的一个，是一个“我”进去，一个得到成长和成熟的不一样的“超我”走出，而后在教育教学天地里，才能真正做到“以其昭昭使人昭昭”。

最棒教师不被“规范化课题”所束缚

最棒的教师是研究的忠臣。他开展常规的研究，也开展“规范化的课题研究”。但在研究中，他能把准一个原则，就是不让这样的课题研究束缚教育。

我们发现，现在许多学校为响应上级号召，都在积极申报科研课题。还规定每个教研组都必须承担一个课题，否则就不能够参加优秀教研组的评比。教师个人没有参与课题研究，就不能参与“评优”“评先”。对于此类规定，最棒的教师持反对态度。

课改如何有效地推进，素质教育如何真正得以落实，直接系于教师的教育教学能力、教育反思能力、教育科研能力。而这些能力的具备离不开研究，但却不是非得在规范化课题研究上来个“全民皆兵”。

最棒教师明白，课题研究是为解决本校发展中的一些实际问题，为学生的可持续发展服务，为本校教师的专业成长提供发展后劲，促进学校及师生和谐长效发展的。但是，“适合的才是最好的”。最棒教师在和老师们申报课题时，总会结合学校的教育教学及自己的教育教学工作实际，以解决工作中生发的热点、难点、焦点、盲点问题为立足点和出发点，确定适合自己研究的课题，而后才向上级科研部门申报予以研究。当然，为了达到提升自己和研究团队，进而达到进军科研强校的目的，最棒教师总是向学校领导建议，要根据学校现有师资、经费、设备设施等情况，向上级教科研部门申报一至两个“规范化课题”，并将其分成若干个子课题来进行卓有成效的研究，力争取得有推广价值的成果。

因为最棒的教师深知，教师都各有所长。开展规范化的课题研究，对研究者的理论素养、业务能力、研究水平、知识储备、兴趣特长、时间精力等方面都有较高的要求，研究者对选取的课题应具有一定的理论准备、实践经验，并有充足的研究时间和精力，而且需要边实践、边研究、边总结（反思）、边改进、边提高。最棒的教师更知道，不是所有人都具备这样一些能力，也不是所有人都有参与研究的时间和精力。所以，对于规范化的课题研究，学校不能一哄而上。否则，不但出不了研究成果，更会费时费力费财，也可能严重影响学校及师生的正常发展。

最棒的教师认为，教师需要搞研究。但怎样研究、研究什么，是值得考究的。我们常说，问题即课题、教学即研究、成长即成果。所以，最棒的教师认为，研究可以随时进行，因为在我们的日常教育教学工作中,各种各样的问题随时会出现。而这些问题来自于我们的教育教学实际，是当前面临的实际问题，必须得到有效的解决，我们方能阔步前进。而我们解决这些问题的过程，即是开展研究的过程，这其实也是在进行课题研究。这些课题源于实际，且“小”易操作，容易见效，有利于师生的成长。比如，我曾在布置学生作业时发现，长期统一的作业束缚了学生的发展。于是，我尝试让学生自主设计课外作业，并收到了一定的效果。

然而，在实施中，有的学习基础较好的学生由于惰性使然，经常给自己布置一些简单的、机械性的作业。于是，我在调查研究的基础上确立了一个小课题研究：如何让自主作业不自流。因为只面对自己班上的学生，便于操作，也不断地跟踪和引导，所以，两个月的研究才取得了较为满意的效果。不少学生都能根据自己的个性及学习的实际设计出富于创新和实践性的作业，从而提高了语文素养，而我也在此过程中提高了研究能力。

学校的课题研究主要以应用性、实用性研究为主，提倡教师从“小”入手，千万不能让“规范化”的课题研究束缚了教育，束缚了学校及师生的发展。教师有这样的主张，也有这样的行动，和相关的老师在能力范围内开展一些小课题和规范化课题研究，才能在研究中真正成长起来。

第五章　统整，当领跑

1. 最棒的教师知行合一，在不断的前行中，集聚了一身正能量，影响并引领着他人，推动着教育的发展。

2. 最棒的教师身在教育中，便以教育为安身立命的根本。他会循着心灵的召唤前行，用自己最真的行动做教育之事。总能为自己掘一口油井，为自己加油，开足马力，举着火把，走在教育的前列。

3. 最棒的教师是会生活的教师。他对教育有自己的认识，有自己的理解，他善于从教育生活和个人生活中去催生前行的能量。他无论站在哪个位置，总能用一种无形的力量推着教育向前。

第一节　自我加油，跑在教育的前面

最棒的教师乐于跟自己斗

成为最棒的教师，是很多走进教育职场的人的初心。然而，在前行的过程中，我们总是不可避免地遭遇这样那样的挫折、这样那样的问题，甚至是一些猝不及防的打击。其中，一些人退缩了，停滞不前，畏首畏尾，自然就渐渐走入平凡，终至平庸。确实，置身教育职场，没有一种精神，没有良好的心态和心境，我们就很容易忘记自己的初心，平庸过一生。

进入教育行业，该经历的，我一样不落；该遭遇的，我一样不少，也倍受打击、倍感失落、迷茫和彷徨。在十字路口时，我选择了——和自己斗。

曾经，在期末阅卷场上，不少老师为着学生试卷上的 0.5 分争得面红耳赤，为着年度考核量化表上的 0.1 分争得不可开交时，我选择了避让。我知道，在这个时候争，毫无意义。该加的，不能因为旁人的争吵而不加；不该加的，也不会因为自己的据理力争而加上去。这个时候与别人斗，不起任何作用。

和自己斗，做好应然之事。

下班回家，我努力克服自己的懒惰心理。吃完晚饭，稍事休息，便端坐于书桌前，看书和回顾当天的工作，再就是写写自己的感受。捧起书籍阅读，累了，就坐在椅子上活动活动，或扶着墙站起来，趴在窗子上锻炼锻炼。等调整好思绪后，就又坐下来梳理当天的工作，然后就是写写文章。自然，有电脑后，写文章就方便多了。但我写文章，总是不敢轻易下笔，很多时候总要在头脑里思考几天，有时还会酝酿十几天。但只要一下笔，就必须一气呵成。遇到写不下去的时候，我索性呆坐在电脑旁，等有了感觉后再继续写下去。

因为不能外出走动，我爱上了上网。我上网主要是去关注一些教育网站、教育论坛，读一些教育类文章。但不管怎么样，定时下网。我也因此了解到了许多的教育信息，充实了自己的大脑。我总是记忆犹新的一句话是吴非老师说的："只要读书，一切都好办。"在乡下时，我主要是读一些教育杂志。进城后，读了不少教育专著。我读书，不但读教育类的，也读散文、哲学类的书。"初学三年，天下无敌；再学三年，寸步难行。"我深有感触。当书越读越多的时候，才感觉自己要学的东西实在太多。所以，当懈怠的时候，我总是斗自己的"懒"。书读多了，也有了写作的冲动。也因此发表了许多文章，还被石柱县钟发全成立的教育原规则团队相中，成为其中的一员。十年来，也参编了二十多本教育专著。

在教育学生时，我也时常和自己斗。那次，两个男生了打了一架，两人的衣服都弄脏了。本想发火，但我忍住了。我先让两个学生走到办公室外面去拍掉身上的灰尘，然后对他们说："你们互相说说对方值得自己学习的优点。"结果，两个男生想了一阵后，都断断续续地说出了对方不少优点。"你俩愿意向有这么多优点的人动手吗？"后来，两个男生握手言和，笑着离开了办公室。我也因为这样极力地与自己斗——忍住不发火，较好地解决了学生中发生的事情。

毛泽东说："与天斗其乐无穷，与地斗其乐无穷，与人斗其乐无穷。"的确，和自己斗，也是乐趣无穷的。因为跟自己斗，是需要勇气的。人都有惰性，贪玩时，斗自己的惰性；发脾气时，斗自己的坏脾气。和自己斗，我才有了很多的时间读书、思考、写作，在教育学生时也才因此思考出了好一点的教育方法。真的，和自己斗，就是学会恰当地控制自己的言行，确实是乐在其中啊！

"减负"，最棒教师在行动

最棒的教师深知，减负的目的是提质，不是无原则地减，而是探索有效的措施，助力学生的成长。

学者周国平说："教育不可能制造天才，却可能扼杀天才。因此，天才对教育唯一可说的话是第欧根尼的那句名言：'不要挡住我的阳光。'"可以说，今天我们的教育就是"挡住了天才成长的阳光"。现今的教育失当之处不是"诲人不倦"，而是"毁人不倦"。我们不断在给学生的学习加码，让他们的身体和心理都不堪重负。学生的学习负担过重已经成了非常突出的现实问题。

我们在举起素质教育的大旗时，迎来了课改，素质教育与课改有了最美丽的相遇。而今，又迎来了基于培育核心素养的改革。多年来，应试教育的学习让学生的心理有了太多的压抑。

"减负"需要下重锤，但减负必须从源头上抓起。不清楚学生负担的成因，我们就无法作出有效的努力。

很多时候，家长成了加重学生学习负担的"帮凶"。在学生的作业之外，还会给学生额外的"配料"，而且双休还有"奥数班"、语数基础班及提高班。在学校，教师的"课改行动"也在进行中。比如，课堂上，小组合作、讨论，形式活泼，但有时学生作业一交上来，并不尽人意。于是，又不得不让学生遨游于"题海"之中。同时，评价制度未从根本上转变，因为现在的高考依旧是分数为重。

面对如此种种的原因，我们的“减负”出路在哪？站在“减负”征程的“拐点处”，必须明确方向、明确责任，探索长效减负的走向。

重庆一中校长鲁善坤提出：“（减负）要倡导‘三减与三不减’，即‘减负不减质量，减负不减要求，减负不减责任’。”的确，减负不失“根”，才能真正将其落到实处，于“减负”中固守教育的本质，回归教育的本真，提升教育的质量。因此，我们必须看到，“减负”的根本目的在于把学生解放出来，让他们有更多的机会去动手动脑，去开展社会实践活动，去训练自己的思维能力，去获取更多有价值的课外知识。

当然，减负不是把学生作业都减没了，那是极端的做法。“减负”一方面在于降低作业的数量，而另一方面在于提高作业的质量。比如，学生已经弄清楚了的，不做；机械性的抄写，不布置……作业贵在整合，贵在富有思维含金量，贵在提升学生动手和操作能力，贵在于各自的实践中提升思维能力……

因此，让家长转变观念，与新课改同行也显得尤为重要。新课程改革莫忘了对家长进行“新课程培训”，引导他们积极学习新课程理念，知晓“新课改”，也走进“新课改”、参与“新课改”，了解学校目前的课改现状，为新课程改革提供真正的后援支持，而不是跟着应试教育起哄，额外加重学生的课业负担。

提升教师专业素养是减轻学生课业负担的重拳。曾有教育家说：“如果一所学校拥有一流的教师，即使在破庙里，也能办成一流的学校。”教师是学校最重要的人力资源，是新课程理念的直接贯彻者。如何成为新课改的排头兵？首先应有坚定的信念，踏踏实实地走在课改的路上。其次，老师们应积极参加学习。向大师学，向学生学，向身边的人学习，向书本学习，向自己学习。教师唯有处在学习中，才能让自己永远成为“源头活水”，永远智慧地行走，让应试教育真正在中国教育界“销声匿迹”。

大力提高课堂教学效率是根本。课堂是学生学习知识、发展能力、“立德树人”的主阵地。如果不狠抓课堂教学，大力提高课堂教学效率，那么“减负”必然导致质量下降。因为真正的“减负”不能只问结果，更要关注过程，否则，我们会因“减负”而影响教学质量。今天，我们的课堂教学有一定的随意性，校本教研在一定程度上也流于形式。自然，为了应考，学生的负担依旧无法减轻。

教师只有强化读书和行动研究，深入反思，积极寻求改进的策略，课堂才可能以崭新的面貌呈现在学生面前。自然，也才能提高教与学的效率，学生的“课业负担”自然就减轻了。

学校应该严格落实“减负”考核。首先，应该切实减少作业量，增加学生的课外活动总量。在提高课堂教学效率的基础上，全力弄清学生的学习状况，然后精选作业（或引导学生自己给自己布置作业），以减少作业数量，提高作业布置的质量，从而把他们解放出来。让他们有时间去参加课外活动，去动手动脑，去操作更新。在课外活动中，长见识、增技能。否则，学生依旧只能在“题海战术”里摸爬滚打，学生的课业负担将依旧沉重，甚至变本加厉。所以，“减负”要“动真格”，让学生真正感受到在校学习的幸福。学校必须强化相关的制度建设，加强督促，落实考核，将教师“减负”的落实情况与绩效工资挂钩。

我们站在“减负”的“拐点处”（所谓拐点，就是说可能向左走，也可能向右走；可能向上升，也可能向下坠），必须擦亮慧眼，认清负担源头，看准目标，勇往直前，走出一条“减负提质”的康庄大道。

最棒教师敢于当课堂的主体

很多时候，我们认为，要还课堂于学生。于是，我们便在主体与主导之间游移不定，生怕一不小心冲淡了学生的主体性。而且往往还会在课堂中隐身，但教学效果却十分不理想。

我们可曾知道——谁像我们一样拥有走进课堂的资格？学生！谁在课堂“苟日新，日日新，又日新”？学生！课堂让学生拥有了一切，课堂又给教师留下了什么？

2011 版《语文课程标准》指出：“学生是语文学习的主体。”那么，教师呢？许多年来，我们受“师者，传道授业解惑也”和“师道尊严”的影响，在课堂尽显“主导”的角色。“导”来“导”去，我们的学识、我们的素养可真比“黄花瘦”，所以，面对千万学生的羽翼日渐丰满、千万教师变得日渐无知的现实，我们不能麻木，更不需要震惊，关键在于清醒：要敢于当课堂的主体。

学生在合作学习时，教师便在教室里转悠，待时间一到，不管学生合作得如何，也不管是个别学生的观点，还是小组共同讨论的观点，一概开始汇报。在观课者看来，教师在积极落实“自主、合作、探究”的教学方式。而事实上，合作学习中的“猫腻”教师却无从知晓。既不知，那就只能“乱导”和“胡导”了，那又何谈落实学生的主体性呢？师生又从中得到了什么呢？

忘记发展，就是最大的忘本。我们教师似乎忘了一个最适合学习和发展的地方，那就是课堂。教学的过程，对于教师和学生来说，本身就是一个学习的过程。向谁学？向课堂本身学习，向学生学习。可能有人对这一观点不以为然，认为“教（jiào）学”就是“教（jiāo）”学生“学”。这显然是一种误读。“教学”的“教”是四声，怎么后面就变成了一声了呢？所以，真正的“教学”应该是“教师”和“学生”一起“学”，自然，教师在课堂上也应该是“主体”，是学习的“主体”。韩愈说：“师不必贤于弟子，弟子不必不如师……闻道有先后，术业有专攻。”（《师说》）在某些方面，教师先知道，而在另一些方面，可能是学生先知道，因为教师不是大百科全书，自然，学生就有值得我们学习的地方。向学生学习，无疑是一种快捷的学习方式，因为每个学生都是一个多彩的世界。向几十个学生学习，你想，我们能学到的东西多不多？今天，人们倡导“终生学习”，就是因为知识的不断更新要求教师时时把自己当作学习的主体，不断学习。在课外学习，在课堂上学习，向书本学习，向专家（学者）学习，向学生学习。“学然后知不足，教然后知困。”（《礼记·学记》）很显然，教师在课堂上是需要主动而积极地学习的。我们在课堂上的困惑、在教学之后的困惑，往往可以从学生身上得到解决。一个敢于成为课堂主体的教师，会从学生的回答中收获更多的东西，并感知到教学的先机。

敢于当课堂的主体，需要拥有主动精神。新课标在“教学建议”中首先指出，“充分发挥师生双方在教学中的主动性和创造性”，并在其中加以说明，“教师是学习活动的组织者和引导者。语文教学应在师生平等对话的过程中进行”。我们不难想象，教师自己不融入课堂、不融入学生，一味高高在上地“导”，会“导”出个什么结果呢？只有成为课堂的主体，才会主动参与到学生的学习中去，主动去了解学生在学习中的收获与困惑，从而有的放矢地进行“组织”和“引导”。比如，在学生进行小组合作学习时，教师首先整体观察，及时捕捉相关的信息。如发现问题，则直接走向该小组，去倾听、去指导（引导）、去督促，更主要的是去揪住机会参与，把自己也当作学生中的一员，去发表意见（当然，这意见不是牵，而是引，是冷不丁地抛出一句，然后将他们的讨论引向深入）。只有这样，教师才能真切了解他们在合作学习中存在的问题，之后再组织和引导才有“底气”，才能真正算是“导而弗牵”。否则，表面看上去多么缜密的引导，那都只是表演和完成任务（或完成一个教学环节）而已。教师只有把自己当作与学生共同学习的主体，才能从心态上、心理上把自己当作一个学习者，才能真正实现对学生从人格到精神上的尊重，才能与学生互帮互助，共同学习、共同成长，从而达成与学生人格和对话上的平等，真正实现“教学相长”的目标。

敢于当课堂的主体，才能在备课时更多地考虑学生的人格、个性、实际的学习特点、学习风格、学习需求，才能对教材进行全方位的解读，进行切合教学现场的设计。同时，也才会以更积极的姿态去学习与教学相关的知识，就像名师们一样，备一节课，常常要阅读几万字的资料。“才知源海文始为，腹有诗书气自华。”带着丰厚的积淀走进课堂，才能旁征博引，使课堂活起来、学生动起来，我们才能从中学到想学的东西。

敢于当课堂的主体，就要敢于沉下身子，与学生一起交往和交流，一起切磋和商讨，与学生实实在在地成为学习共同体，最终成为最棒的教师。

最棒教师与“解惑”紧相随

纪伯伦说:“我们已经走得太远，以至于忘记了为什么而出发。”(《先知》) 我们今天的教育似乎也是如此。关于“教育”，先哲们有过精辟的论述。哲学家康德强调教育的目的:“人只有经过教育，才能成为人。除了教育在他身上所培养出的东西外,他什么也不是。”“教育”,“教”与“育”是彼此交融，不可分割的整体。唯二者同时有效地作用于一个人，才算是真正的“教育”。如此，才能真正促进“人的全身心和谐发展”。

“师者，传道授业解惑也。”(韩愈)由今天的学校教育来看，我们似乎将所有精力都放在了“授业”“解惑”上,“传道”隐身了。而就拿“解惑”来说，我们也更是只关注“解知识之惑”，除此之外，再无其他。

当“知识”成为“解惑”的唯一对象,我们培养出来的学生就只能是“知道分子”了，是两只脚的书橱，是知识的搬运工，以至于最后变成了“书呆子”，除了满脑子的知识，再无其他。而今，我们在“解知识之惑”这条路上走得太远，更多的时候已“忘记了为什么而出发”。

今天，我们对“师者，传道授业解惑也”这句话记得烂熟，却忘记了我们到底该“解什么之惑”？该怎样“解惑”？解“知识之惑”只是其中一个方面，而且这个方面不是重要的。重要的是，我们要为学生解智力之惑、思维之惑、人格之惑、人性之惑、心理之惑。这些不能割裂相看，区别对待，它们与解“知识之惑”是一个统一的整体，任何一个方面都不能荒废。否则便是教育的失误。诗人但丁说过:“一个知识不全的人可以用道德去弥补，而一个道德不全的人却难以用知识去弥补。”《文摘周报》上曾刊登过这样一个案例:武汉大学附属外语学校初三德语直升班的26名学生前往德国摩尔市的中学进行交流。他们谈及在德国的学习和生活时，都陷入了沉思。德国的学校非常重视体育课，体育课是主课,学生每天都从教室里出来操练。在他们看来,强健体魄比什么都重要。德国女生很能干，她们都会烤制面包、蛋糕，而且做起熨烫、园艺、烹饪等家务都很在行。德国中学生除了学习，会的东西非常多，他们都很独立。这些中国的学生在去德国的路上，还叽叽喳喳，说个没完。从德国回来后，他们变得沉默了。他们说，相比德国的同龄人，中国的孩子更听话，学习更勤奋，知识也许更扎实，但是除了学习，自己会的还真没有什么了。一个孩子的成长，知识的丰富不是其生命的主线，智慧的启迪、个性的培育、人格的健全、精神的独立、灵魂的唤醒才是教育的第一要务。单纯地传授知识，无异于“把视力放进瞎子的眼睛里”。其实，每个孩子生下来都是原创，他所拥有的个性、人格、精神都潜藏在他的大脑里。我们所能做的就是用我们完整的教育将其唤醒，并融入适当的土壤、适宜的阳光和水分让其生根发芽，成长为他应该成为的那个自己，成为一个独特的、立于天地间的大写的“人”，而不是把他教成“赝品”。

德育哲学家雅斯贝尔斯说：“教育是人们灵魂的教育，而非理智知识和认识的堆积。”走出“解惑”的误区,还原“解惑”之职责,努力唤醒“人丰富、不可测度的生命潜能”，唤醒“学生对真、善、美的渴慕”，唤醒“对知识、公正、自由、希望和爱的追求”，唤醒“丰富、改变和提升自我精神品质的需求、能力和习惯”。(李政涛《教育常识》)

第二节　储蓄能量，推着教育向前

最棒的教师会欣赏教育风景

五一节，几位教师相约去三峡大坝游览。回来后，他们谈起了自己的感受。

A老师说：有什么好看的。转了几个地方，除了坝子就是水，除了房子就是水泥路。晚上连个打牌的地方都没有，好不容易找到一个，结果蚊子咬死人，下次再也不去了。

B老师说：好宽的坝子，好宽的江面，泄洪匣的水好急。不过，挺单调的，没啥看头。

C老师说：真是不虚此行。静静的江水里,白云在散步。那蓝蓝的江水,一如我淡蓝的回忆。泄洪匣里奔腾的水，让我心潮澎湃，把我的心带到那激情的年代，让我回味着那初入教育时的激情。两边的青山日日守卫着大坝，守望着世代“高峡出平湖”的梦想。晚上，坐在江边，江风轻抚着脸颊，涛声撞击着心扉，好久没这样放松了，真是惬意极了！生活在这里的人真是幸运，能时时感受这亘古的久远！

……

其实，风景还是那风景，然而看风景的人心境不同、素养不同，自然就获得了各自不一的感受。

有人说：人生有三种境界——看山是山，看水是水；看山不是山，看水不是水；看山还是山，看水还是水。看教育也是这样。面对同样的学生，不同的人看到的却是不一样的结果。这不光在于我们教育者的心境，还在于我们教育者素养的高低，更在于我们眼前的评价制度左右了我们的教育视野。我们看幼儿园的孩子哪个都是那么可爱，教学起来轻松自在。原因何在？很简单，幼儿园没有教学考核任务，教师没有学生考分的烦恼。孩子们在课堂上表现活跃，或唱或跳，或说或笑，一切皆是那么融洽与和谐。然而，到了小学后，一切评价制度便像紧箍咒一样套在每个老师的身上，再经由老师影响学生。此时，“考，考，考，老师的法宝；分，分，分，学生的命根”已然成为现实，像阴霾一样遮住原本清朗的教育天空。丁是，学生脸上的快乐没有了，活泼的身影消失了。于是，原本活泼的孩子们便在分数面前被分出个三六九等来，有的甚至在题海的长期淹没中变得目光呆滞，成为一个小老头儿。此时的教育已变得十分浮躁了，自然，看学生似乎也不再是学生了。

纵观我们的教育，我们许许多多的老师都停留在第二个境界里。看张三，整天无所事事，又调皮捣蛋，时不时还要弄出点大的事情，给老师搞出个大的麻烦来。于是，我们便一致认为，张三没救了。我们就这样过早地给他的人生下了“病危通知书”。本来还能扭转的，却不再去管他，任其自生自灭。如此下去，他便走出了一个失败的人生。难道除了调皮，教师看张三没有看出点别的？就像几位老师去看三峡大坝一样，仅从表面去看，看到的只是皮毛，甚至是那么的单调，或一无是处，以至于不想再去。如果深入其里，感同身受——既看风景，又看人；既看现实，又“看”内在，这才是看风景的真性情。其实，看张三，他能有那样的行为，难道就没有背后的原因？没有对其进行深入的了解和研究，就不能过早地“盖棺定论”。没有对他的真切关注，不关注他骨子里的本性，不弄清其问题的真实背景，就没有发言权。

有首歌里唱道：“借我借我一双慧眼吧，让我把这纷扰看得清清楚楚明明白白真真切切。”身为教育者，也必须如此啊！我们必须修炼自己的教育慧根，锻炼自己的教育天眼，擦亮自己的教育慧眼，深邃自己的教育心眼，达到人生（教育）的第三境界，才能真正看清学生。拥有天眼、慧眼、心眼（当然不是小心眼），才能全方位去看学生，才会看学生还是学生。

教室里坐着的学生，他们都各是一个世界，都是独特的。如果没有对教育的虔诚之心，是不容易把这个世界里的一切看明白的。看这个世界，必须走近看，必须与他相知相融，与他同心同趣，并成为他无话不说、无心不交的朋友时，才能真正看清他。看清“这个世界”，也需要摒弃浮躁的心态，回归原始的心境，不添油加醋、不添枝加叶，否则，你永远看不清他本真的一面。

每个学生都是一道美丽的风景。但其风景的美丽不是每个人都能看清、看透的。“女为悦己者容。”同样，学生这道风景永远只属于懂得他的人去看、去欣赏。古诗有云：“横看成岭侧成峰，远近高低各不同。不识庐山真面目，只缘身在此山中。”欣赏学生这道风景，如果把学生放在特定的教室中，把他放在大多数学生中间来看，我们会在不切其个性实际的情况下先入为主，从而断定他就是一个没出息的人，一个有害于他人的人，结果会真的害了他。我们必须跳出狭小的圈子，站在更高的层面去看他，我们才能看清他每一个行为的背后都是有其根源的，都有我们所不知的秘密。

有个学生小芊，性格内向，从不与人说话。上课除了看课外书，就是睡觉，作业从来不做。老师向她要作业，她要么金口不开，要么就抽噎起来。乍一看，这肯定是个不成器的孩子，肯定心理有问题。然而，在经过多方的观察，也找与她要好的同学进行了解后，才发现，家里父母要求非常严，她的逆反心理很重，不管是父母还是老师，你要求她什么，她偏不做。她的朋友还告诉我，她的父亲因她成绩不怎么好，常被老师叫到学校，所以常常动粗，她身上常是青一块紫一块的。她原来的老师常常批评她，她在同学们面前抬不起头。这么小个孩子，居然承受着这么大的痛苦，也难怪她会有如此的心理。见她喜欢看课外书，我索性就在上课时悄悄地递给她一本书，并轻轻地说："好好看，有时间我们交流交流。"但也就在几节课之后，她不再在上课时看书了，而是课余看。一周后，她还我那本《绿山墙的安妮》时，我请她谈谈感受。她闭口不言，许久才说："老师，您能再借给我一本书吗？"我当即把我最近正在看的一本《智慧背囊》（里面全是一些给人以启迪的故事）借给她。还别说，她还真的转变了，并开始做作业了。那周的周记交上来，我感觉语言不错。我想，这是她喜欢看课外书的结果。为此，我还在班上表扬了她。

欣赏学生这道风景，必须抛弃自己的思维定式，革除自己的陈腐观念，不时刷新自己的理念，清理自己的内存，不把自己看得太像个老师，不高高在上。要放下所谓的师道尊严，并以旁观者的状态，真切地跳出"庐山"看"庐山"。只有这样，我们才不乱扣帽子、不乱打棍子，从而把"没有教不好的学生"这句话变成现实。

学会欣赏教育的风景，独享精美的教育生活。

最棒的教师认为，教育当如旅游

"旅游"可谓是时下最时尚的休闲方式之一。

大凡要出去"旅游"，必须提前做好充分的准备。如衣食住行，或上网了解旅游景点，或联系旅游团等，让一切尽在掌握中，尽量少走"弯路"。上路了，欢歌笑语相伴旅程，快乐的心境依旧在憧憬着前方的路。到了旅游地，买门票，查看旅游线路图，忙得不亦乐乎。一路走，一路游，一路赏——或登高望远，或俯首听泉；或拍个照，或购买纪念品；听导游小姐“导游”,行脚下路赏美景；亲历路途跋涉之辛苦,感受“一览众山小”的豪迈……

教育当如旅游，老师应有“风景区”一般的吸引力。如何打造自己的“吸引力”？首先，应时时不忘饱尝书香，从书中采得教育百花蜜，打造自己厚重的文化底蕴，蓄积教育的底气，让自己如一泓不断更新着的活水,永远给学生以清新甜美的“甘泉”。还应练就一颗诗意般的爱心，有智慧地爱学生。更应大胆探索，创新实践，苦钻教艺，用精彩的教学吸引学生。

教育当如旅游,课堂就应该是“风景区”。学生作为一个学习的“旅游者”，他需要一个鲜活的课堂，满怀憧憬，带着旅游般的心境投入学习之中；需要一个和谐的课堂，享受交流的快慰，在智慧与智慧的碰撞里品味精彩的自我；需要一个活力四射的课堂，让他去亲历智慧的探险，感受自己的心路历程；也需要一个自主的课堂,因为“我的学习我做主”。

教育当如旅游，“旅行”前的准备——课前准备不可少。教育教学不能跟着感觉走，不能“平时不烧香，临时抱佛脚”。一个精彩的课堂，其功夫在课前、在课外。“为了上好一节课，需要用一生的时间来准备。”这绝不是神话。备课是教育者永远不能马虎对待的事情。备课,首先要“备”中有“人”。先“备”好自己。这需要先有“养兵千日”的心态，有“处处是准备之地，时时是准备之时”的心境，然后在每一天的工作和学习中“时刻准备着”。唯有如此，才能收获“用兵一时”的精彩。再就是要“备”好学生。苏霍姆林斯基说：“尽可能深入地了解每个孩子的精神世界，是教师和校长的首条金科玉律。”每一个学生都是实实在在的个体，有着自己的个性。而我们的教育教学就是为他们服务的，所以，我们应充分研究学生的性格特点、天赋资质、兴趣爱好、学习心理、接受能力等，“对学生实际状况和发展可能性”有充分的把握，并由此选择适合学生个性学习之所需的教育教学方式，不可整齐划一，更不能一刀切。备课，还要备好“物”。面对各种各样的教育教学方式，我们要千挑万选，选择最合适的，切不可胡乱地“拿来”。教具、课件都要讲究，课堂上如何呈现、如何调用，必须成竹在胸，有备而去。备课还得预先在大脑里“预演”课堂，展示可能出现的问题，提前探索解决的途径和办法，到时才不至于“慌不择路”。长期如此的准备，不但能有效驾驭课堂，还能积极催生课堂生成。

教育当如旅游，学习便如行路。知识不能明明白白地告诉，学习更要踏踏实实去经历。在学习中体验“山重水复疑无路”之困惑、疑惑、苦恼，甚至彷徨，然后才能实现“柳暗花明又一村”的超越。只有体验“欲渡黄河冰塞川，将登太行雪满山”之绝境，学习才有“仰天大笑出门去，我辈岂是蓬蒿人”之旷达。行走在学习之路上，才能真切感受“曲径通幽处，禅房花木深”的静谧妙境。教育只有让学生自己去修行、修炼，用脚步丈量人生的行程，才能最终“涅槃”而“成道”，创造出精彩的人生。引领学生常常在学习中行走，今后才能在羊肠小道中立足，人生的小船才不至于在大风大浪中倾覆。

教育如旅游，教育焉有不成功之理？

做最好的自己

狗尾草扯着风的嗓子，在小溪边疯跑；溪水揪着鱼儿的尾巴，把夕阳的余晖摇得闪闪发光；螃蟹被暑气赶出了洞，在洞边吐着泡泡；小溪拖着晚霞的余韵钻进了小河的怀抱。一群小孩从小河里钻出来，光着黝黑的身子，满沙滩地乱跑，羞得晚霞全都躲了起来。天色渐暗，穿好衣服的一群孩子就各自奔向了自己的家。

我的童年就在这样山清水秀的山村里，在这样的生活中度过。

童年因为相伴如世外桃源的山村而多姿多彩，但童年也因为贫穷而多了些阴影。很小的时候，生病的父亲因为无钱医治，“狠心”地离开了这个世界，离开了我们。从此，母亲带着我们相依为命。我有三个哥哥，还有一个妹妹，我们五张嘴，就全靠妈妈和大哥从生产队里劳动挣得的工分，分回少得可怜的粮食。每年除了过年那几天，其余时间大多没吃饱过。

我们在饥寒的岁月中渐渐地长大。二哥三哥都有力气扛木料去转手卖掉，换得钱来让自己勉强能够上学。而我呢，身体孱弱，只能帮母亲做些轻松一点的家务活。然而，终归抵挡不住贫穷，哥几个都相继辍学了。我到了上学的年龄时，大哥二哥又面临找对象。各种事情全搁在母亲的身上，真不知道那时妈妈柔弱的肩膀是怎么扛住的。

七岁那年的夏天，妈妈比以前更忙碌了。8 月是收割稻子的时节，非常繁忙，一个夏天也没做完几双布鞋。9 月 1 日是开学的日子，妈妈却没有送我上学的意思。那段时间，她把家里的两只母鸡看管得很严，生怕它们跑到别家的窝里下蛋。都开学一周了，妈妈还没有送我上学的迹象。有一天，我终于忍不住问了句："妈妈，我什么时候去上学？""快了！"当时我不知道是什么意思，现在想来，她是在凑钱。做布鞋积攒起来的钱不够，指望母鸡生的蛋去卖了来凑齐我的书学费，可怜那时的鸡蛋才 7 分钱一个。

开学第二周的星期三，教一年级的冉老师来我家了。他是来动员我去读书的。只听妈妈对老师说，隔几天就把我送到学校来。老师知道我家穷，没钱上学。他当即说："这一学期的书学费免了，明天就来上学。"妈妈高兴得不知说什么好，只连声说"谢谢"。

小溪里的水依旧唱着叮咚的歌拥入小河的怀抱，而我们却在溪水的奔流中看到岁月匆忙前行的身影。

小学毕业，我考上了重点中学，学费一下子增到 10 元，这对我家简直是天文数字。在我就要放弃时，妈妈对我说："读好书是你的事，借钱是我的事。"上初中了，虽然时常吃不饱，但我不敢懈怠，因为我眼前总浮现妈妈那忙碌的身影。

有一件事深深地触动了我。那是一个星期天，我发现妈妈辛辛苦苦种植出来的菜被菜地边人户的鸡给糟蹋得不像样子了。我匆忙叫上妈妈，来到了地边。妈妈站在菜地边，半天没说一句话。在回来的路上，我说："去叫他们把鸡关好，不听的话，就去买几包老鼠药拌些菜末儿撒在地边。""你这不是害人吗？是自己没管理好，不要去怪别人。”第二天，妈妈就砍了些竹子，编成篱笆围在菜地周围。终于，我们吃上了新鲜的蔬菜……

“做好自己的事。”妈妈这句话一直陪伴着我。读书期间，我从没放松过自己的学习，无论寒假暑假，除了做些力所能及的家务活外，就是读书，温习功课。那个时候，语文书上的课文，我都能全部背下来。成为一名教师后，我也是尽力做好自己的事情。

在我的课堂上，学生听得昏昏欲睡时，学生疑惑终不解时；课余，学生违反纪律时；学生不能完成作业时……我知道，这是我自己的事情没做好。

为此，每天在忙碌的工作之余，我总要抽出时间读书和反思，因为这是我必须做好的事情。

“读书”是做好自己的事情的加油站。教育家苏霍姆林斯基说：“教师进行劳动和创造的时间好比一条大河，要靠许多小的溪流来滋养它。教师要时常读书，平时积累的知识越多，上课就越轻松。”“古往今来许多世家，无非积德；天地间第一人品，还是读书。”每天教学之余潜下心来，深深地读进去，遨游书海，品味书香，在读书中厚实底蕴、蓄足底气、提升人品。走出书本，我更有底气站在讲台上，我的课堂因此而变得简洁而有效。这让我有了更充裕的时间去学习、去实践、去思考。

“反思”是做好自己的事情的助力剂。教育离不开实践，成长更需要反思。每天，我总抽出一定的时间，反思我的教学和教育。因为反思，我渐渐地走出惯性的泥淖。

“滴水能汇成大江，碎石能堆成海岛。”读书和反思，我一如既往地坚持了二十几年，它让我的路上有了丰盈的泉源。读书和反思，推动了我的研究。而今，我出版了自己的教育书籍，也和网友一起出版了《教师不跪着成长》《教师笑着教书》等二十多本教育原规则研究书籍。

童年的一切还在小溪边做着长大的梦，而我却在母亲“做好自己的事情”这一句话的浸润下长大了。这句话里那无穷的力量一直在激励着我前行。而今，我最敬爱的母亲已经离我而去了，但她这“做好自己的事情”的话语却一直伴随着我的生活和工作。

最棒的教师善于经营幸福

幸福，其实很简单，就看你如何看待，以及如何把握。比如，学生今天表现好，没给你添乱，你这一天过得很轻松，这便是幸福；今天，你的那一半给你带回来一个惊喜，这也是幸福……幸福就像是毛毛雨，你要慢慢感受，才体会得到。

一、幸福的要素

健壮的身体。“皮之不存，毛将焉附。”我一直在想，如果没了健壮的身体，就至少丧失了50%的幸福，甚至更多。可以说，我们一切的一切都是以健壮的身体为基础的。没有了健壮的身体，一切的欲望、一切的梦想都失去了最坚实的物质基础，就会成为虚无。

积极的心态。心态决定生活的状态。心态积极，则生活积极，那么，视野就会开阔，自然，生活中的一切不顺心的事都会成为你走出阴影的力量。比如，今天学校分配的任务太多了，累得你差点儿走路就要睡着了。不过，你也是幸福的。这说明你目前还有工作在找你，而不是你去找工作。凡事要向好的方面想，向利于自己的方面去想。只有这样，你才能时时感受到幸福，感受到幸福像空气一样包围你，那你就真是幸福无比了。

良好的习惯。习惯改变命运。良好的习惯决定着你有一个好的命运。我们在教育中，做事都认真，读专业书籍，对于学校分配的任务不拖延，总是立即完成。“跟好人学好人，跟着巫婆学跳神。”你就是学生的榜样，你良好的习惯会成就学生的好习惯。学生习惯好了，你想不要幸福，幸福也会死死地缠着你。再说，你拥有良好的习惯，你会成就你自己，你会有很大收获，这收获里就包含着无穷的幸福。

和谐的圈子。我们会有很多圈子，如工作圈、生活圈、牌友圈、酒圈子、饭圈子等。既然是圈子，你肯定时常在其中，如果圈子不和谐，那么，你置身其中，就会感到压抑，那自然是没有什么幸福可言的。圈子是由一个一个的人组成的。每个人都有自己的个性，但是，生活在圈子中，不要让自己太锋芒毕露，不能太逞强，要融入其中而不是唯我独尊。只有人人收敛好不利于他人的个性，那么，你所处的圈子才是和谐的，自然，生活在其中才是快乐和幸福的。

平凡的生活。有人说："平平淡淡才是真。"的确是这样。不过，有的人会说："我就向往波澜壮阔的大生活。"不可否认，大生活里风光美，充满激情。我们都知道山间的小溪吧。它在平静的山沟里自由自在地流淌，这是一种平静的美，一种自然的享受。但是，当它流入大海后，经历无数滔天的波浪的摔打后，它一定会感觉到，还是那小山沟舒服。如果在大生活里生活的人，他渐渐地会厌倦，因为他从中迷失了自己。他都不知道自己活着为哪般，那活着还有什么意义。

二、幸福从感恩中来

有位父亲在孩子远行时，对孩子说了三句话：快乐是一种美德；不为一朵花停留太久；给帮过自己的人一份礼物。这里的第三句话就是告诉我们要对给予我们帮助的人感恩。在生活中，在工作中，在日常交往中，或许我们都得到过别人或多或少的帮助。那么，我们就要学会感恩。

学会感恩，懂得知恩图报、不忘恩负义，滴水之恩当以涌泉相报。学会感恩，懂得给别人机会就是给自己机会，赠人玫瑰手有余香。

感恩老人。我们都有老人。"养儿方知父母恩。"或许现在，他们在给你们做饭、打扫房间，或者带孩子，这就更值得感恩了。因为他们的这把老骨头还在为你们付出，我们没有理由不感激他们、不孝敬他们。再说，我们有一天也会老，到那一天，我们肯定希望自己的孩子也孝敬我们、感恩我们。那既然如此，我们现在又为什么不感恩于我们家中的老人呢？农村有句话是这样说的："屋檐水滴旧窝窝。"什么意思呢？就是说，我们今天怎样对老人，今后我们的孩子就会怎样对我们。我们从现在开始就要给孩子榜样。现在老人还能为你服务，即使有一天，他们卧病在床，我们也不要忘记孝敬他们，像关心、关爱、关照自己的孩子那样去孝敬老人，并真真切切地落实到行动上。这样做，我们自会感觉到幸福，而且这也是在为我们的今后储备幸福。

感恩夫妻。在“父母、儿女、姐妹、兄弟、外公外婆、爷爷奶奶、七大姑八大姨、夫妻”等亲人中只选一个最亲的人，你会选谁？或许大家会选父母、儿女、夫妻。其实，应该是“夫妻”。

为什么不是父母呢？因为“父母虽然给了我生命,也培养了我的成长，可是随着时间的流逝、生命的枯竭，有一天他们会先我而去”。

为什么不是儿女呢？因为“儿女虽与我血肉相连，但是随着岁月的成长，他们慢慢长大后有了自己的事业和家庭，也同样会离我而去”。

那为什么是夫妻呢？可能有的人说，外面花儿草儿多的是，离了再找就是。其实，“无论岁月怎样变换，陪伴自己走到生命尽头的最终都是自己的丈夫（或妻子），所以他（或她）才是生命里最亲的人”。

“少是夫妻老是伴。”夫妻一辈子相伴。或许,在你的家里正经历着“家庭战争”，大有非离婚不可的趋势。但是，我们努力地想着他（她）的好，想着他（她）曾经与你一起打拼，创家业的那段岁月，你会明白，眼前的这些矛盾、这些隔阂又算得了什么。常言说得好：客客气气是朋友，卿卿我我是情人，吵吵闹闹才是夫妻。夫妻就像左手和右手一样，缺谁都不好。而且爱人也是孩子生命的另一半，生命已经相融。这一生，爱人是最亲的人，只有爱人和自己相伴到老啊。当然，在感恩生命中的另一半时，我们也要感恩自己的孩子。

感恩于夫或妻，我们的幸福定会如吃甘蔗一样地渐入佳境。

感恩工作。是工作养活了我们自己，给了我们生活和幸福的来源。教师工作虽然清苦，但工资还算相对稳定。虽然上班期间很劳累，但所幸的是，我们有寒暑假。感恩工作重在履行好自己的分内之责，尽自己的力量把工作搞好。感恩工作，我们也得感恩学生。哪怕他们多么调皮捣蛋，成绩是多么不好，我们也应该感恩他们。或许，我们正是在想方设法教育好他们的同时成就了我们自己。再说，他们是我们的教育对象，没有了他们，我们的工作就没有存在的必要了。

三、幸福要及时抓住

教师的工作很辛劳，我们要及时抓住现有的幸福。可能有的人认为，我们现在必须努力地创造，今后才有幸福可享受。这种想法大错而特错。有人这样评价中国人：前五十年用命挣钱，后五十年用钱买命。其实，这是不值得的。我们努力工作，还要保重身体，更要及时抓住幸福，享受幸福的过程。幸福与钱不同，钱放在银行还有点利息，幸福要存着的话，会如酒精一样慢慢地挥发掉。

比如，有一天，你的孩子考了个80分，距离你定的95分的目标比较远。怎么办？我认为，这其实就是一种幸福，你要及时抓住，并享受这个80分。可能有的人不理解，80分还值得享受？当然，如果你享受这个80分，然后和孩子一起找原因，给孩子鼓励，那么，你就有可能在享受80分的幸福之后，能再享受到那95分的幸福。其实，在我们的教育教学工作中也是这样。你只有时时抓住学生呈现给你的那微不足道的幸福，你才能够享受到后面更大的幸福。幸福，它往往会在不经意间来，却又会在不经意间溜走。我们唯一能做的，就是及时抓住它，并尽情地享受它。

幸福是个古老而永恒的话题，但无论怎样，幸福往往最真实、最朴实、最简单。一切的一切，千言万语汇成两句话，幸福就是“有活干着，有人想着”。“愿幸福像塑料花一样，永远在你的人生中开着。”

后　记

不幸患病，导致不能步行，只能站立。这也为我开启了生命的另一扇窗子。不能外出的日子里，少了喝酒的圈子，少了打牌的圈子，少了驴友的圈子，少了球友的圈子，因而，读书、思考、写作成为了一种生活方式。人生的时间是一个常量，少了其他的，就多了可以自由支配的时间，多了可以收获各种荣誉的时间。生命就是舍与得的过程。健康远我而去，身体少了自由活动的空间，但我却得到了心灵的宁静和自由，得到了成长的自由，得到了为自己的事业去努力地付出的自由，也为这本书的付梓奠定了基础。我用这种方式为自己出版了教育生涯的第二本个人专著。在此，感谢所有给予我帮助和支持的人。

——张朝全心语

参加工作不久，我就遭遇了可怕的事情。走路时，会莫名其妙地摔倒在地上，而当自己站起来回头看时，发现路面平坦，而且也不滑，到底为什么会摔跤，自己也感觉很蹊跷。而且这样的情况常常会出现，百思不得其解时，便试图用一种理由来说服自己——身体缺乏营养，或者没有休息好，再加上自己偶尔骑自行车，导致双腿发软才会摔倒。

然而，几年后，病情便越来越严重。已经出现上下楼梯需手扶墙壁，上下讲台需手扶讲桌。此时才发觉，是生了一种严重的病，明显感觉双腿不及正常人的胳膊粗。于是，我趁暑假去了省城医院，初步诊断结果为“进行性肌营养不良症”。此病还没有特效药，而且几年近10万元的医治只是稳定了病情。母亲为了我这病，跑了许多地方。只要说哪个医生好，她会放下所有的活计去为我求医问药。妈妈晕车，每次回来，都像得了一场大病似的。然而，病不见好转，妈妈求药不断。直到渐渐年老多病，无法出行了才放弃。今年正月，妈妈永远地离开了我们。在此，谨以这些文字献给在天国的母亲，愿她老人家在另一个世界生活更美好。

病情的加重，稳稳地走路成了一种奢望，每天只能靠着家人的帮助上班和下班。每天的生活便是在学校和家里之间展开，幸运的是，还能站立，还能站在讲台上，做着自己钟爱的事业。然而，天有不测风云。2015 年、2016 年连续两次骨折，如今，只能勉强站立，已不敢迈步行走了。

很多时候，望着窗外那些活蹦乱跳的身影，心中倍感失落。想到此生再无缘奔跑，再也不能独自去感受那多彩的世界，顿觉心灰意冷。有时站在电脑桌前十分劳累时，感觉不知哪一秒就会倒下时，感觉自己就要放弃时，我便用右手使劲掐一下自己的大腿，还能感觉痛。这痛感告诉我，我还有知觉；这知觉告诉我，我还活着。是啊，只要还活着，就能做自己力所能及的事。于是，我将自己的 QQ 签名改为“活着是最大的幸福，健康是最大的成功”。

是啊，活着，不仅仅是因为自己还有一口气，不仅仅是躯体还有活力，得有表明自己还活着的证据，而这证据便是做事。记得很小的时候，父亲离我们而去，妈妈硬是用孱弱的肩膀把我们拉扯大，她是我人生的启蒙老师。她的执着、她的坚守、她的辛劳都一直激励着我——人，要全力做好自己的事。如何做好自己的事呢？做好自己的事得有根基才行。外出学习和培训已不可能了，即使是去听听其他老师的课也办不到，何况已不能走路，只有自学了。

十几年前，四处借钱买了一台电脑，订阅几种教育教学杂志，开启了我的学习之旅。只要一有空闲时间，我就捧起书来读。几年下来，读了几百本书，还真有一种“腹有诗书气自华”的感觉。读书加上网络学习，让我有了丰富的积累。我时常在课堂上结合教学内容给学生讲一些经典的小故事，引入一些恰切的议论，让他们得到了很大的收获。也学着专家那样去思考（虽然远没有专家那样的深度），去改变着我的教育和教学的行走方式，让我的教育教学实践更多一些底气和灵气，让自己的教育生涯更有一种“直挂云帆济沧海”的豪气。因为读书，因为积累，因为反思，也产生了写的冲动。当一个人静静地坐着的时候，时常会情不自禁地写起来，虽达不到“胸藏万汇凭吞吐，笔有千钧任翕张”的境界，却也思如泉涌。近几年来，我发表了两百多篇教育教学文章，出版了个人专著，还通过网络参与了重庆市石柱县教师进修校的钟发全发起的“教育原规则研究”。因为有可以坐下来、静下来的时间，所以，一直追随着，一直学习着，一直在前进着。我也因此对教育的原规则有了更加深刻的理解，并将其核心理念——“秩序”融入教育，和团队一起渐渐走入教育的核心。几年来，也参与编著了二十多本教育专著。虽然每月工资除去药费和生活开支，所剩无几，有时也入不敷出，但从没放弃过买书。每当收到稿费，也总要买几本书。现在，家里的藏书越来越多。我读书，不只读与教育教学有关的书，其他的书也读。哲学的、散文的、管理的都摆上案头。读书，读出的是澄明，读出的是宁静，读出的是淡泊。当然，更读出了收获，读出了成长。

有病的这近二十年来，我生活的地方除了学校，就是家里。少了做其他事的时间，多了可以自由支配的时间，这便给我留足了反思、学习和写作的时间……付出与收获往往成正比，因为有时间付出，所以，我也有时间去收获各种荣誉。面对这些荣誉，除了感谢上级的肯定外，当然也感谢这病为我开启了生命的另一扇窗子，感谢活着。

生命就是舍与得的过程。健康远我而去，身体少了自由活动的空间，但我却得到了心灵的宁静和自由，得到了成长的自由，得到了为自己的事业去努力地付出的自由。这是多么难得的自由。“塞翁失马,焉知非福？”生命中的事情就是这样。

此书稿付梓，感谢吾友重庆市石柱县教师进修校的钟发全一直以来给予我的支持和鼓励，感谢他为此书的策划与出版所付出的努力；感谢所有支持、关心和帮助我的领导、同事和朋友。文字还显幼稚，观点仅限于个人的认识，可能不恰当，期待您的批评指正。

张朝全

2017年10月于重庆万州